走进"一带一路"丛书

浙江省社科联社科普及课题（22KPWT06ZD-16Z）

东南欧的领带之国
克罗地亚

袁艺蕾 编著

九州出版社
JIUZHOUPRESS

图书在版编目（CIP）数据

东南欧的领带之国：克罗地亚／袁艺蕾编著.

北京：九州出版社，2025.4. -- ISBN 978-7-5225
-3835-8

Ⅰ．K954.3

中国国家版本馆 CIP 数据核字第 2025CC1200 号

东南欧的领带之国：克罗地亚

作　　者	袁艺蕾　编著
责任编辑	周弘博
出版发行	九州出版社
地　　址	北京市西城区阜外大街甲 35 号（100037）
发行电话	（010）68992190/3/5/6
网　　址	www. jiuzhoupress. com
印　　刷	北京星阳艺彩印刷技术有限公司
开　　本	880 毫米 × 1230 毫米　32 开
印　　张	5.125
插页印张	0.25
字　　数	115 千字
版　　次	2025 年 6 月第 1 版
印　　次	2025 年 6 月第 1 次印刷
书　　号	ISBN 978-7-5225-3835-8
定　　价	59.00 元

杜布罗夫尼克橙色屋顶

多明尼加修道院

史特拉敦大街街景

目　录

上
篇

引言

众所周知，特斯拉是美国著名的电动汽车公司和能源公司。但鲜有人知晓，"特斯拉"这个名字来源于发明家、物理学家、机械工程师和电气工程师尼古拉·特斯拉的姓氏。特斯拉于1956年7月10日出生在克罗地亚，交流电便是由他发明的。

克罗地亚这个国家与我国相隔千山万水，很多国人对这个国家感到陌生。但实际上，有些我们很熟悉的物品就起源于克罗地亚。比如，克罗地亚有一个不为人知的发明，是一种永不过时的装饰物，那就是领带。领带的一种英文说法"cravat"据说是来源于克罗地亚的国名"Croatia"。领带起源于17世纪，当时在法国参军的克罗地亚雇佣兵常常在脖子上系小领巾，甚至引得年轻的法国国王路易十四也开始系领巾，从而在法国贵族中引领了系领巾的潮流。每年的10月18日是克罗地亚的"领带日"。

克罗地亚不仅仅是领带的起源地，更是在体育运动方面取得过举世瞩目的成就。克罗地亚篮球队曾获得1992年巴塞罗那奥运会亚军，克罗地亚足球队曾获得2018年俄罗斯世界杯亚军。

对于中国的足球球迷来说，莫德里奇这个名字一定不陌生。莫德里奇于 1985 年出生在克罗地亚。

莫德里奇的故乡克罗地亚是一个饱受战争摧残、历经磨难的国家。莫德里奇这位杰出的运动员，童年便经历了南斯拉夫内战。战争曾经夺走他的亲人，他过着颠沛流离的日子，但仍在废墟中练习踢足球。莫德里奇的童年也是他的克罗地亚同龄人童年的缩影。这个饱经沧桑的民族，追求独立自由，勇敢坚毅，为自己的国家和民族感到无比骄傲。

克罗地亚战火纷飞的历史与其地理位置复杂脱不开干系，她位于巴尔干半岛西北部，属于东南欧，在亚德里亚海沿岸，与匈牙利、塞尔维亚、波斯尼亚和黑塞哥维那、黑山以及斯洛文尼亚接壤，地理位置复杂关键。历史上与古希腊、罗马、奥匈帝国、奥斯曼帝国都有过交集。

现如今在和平年代，克罗地亚凭借丰富的旅游资源，成为世界知名旅游胜地。克罗地亚有举世闻名的名胜古迹。普拉有世界上保存最完好的古罗马圆形露天竞技场，斯普利特有三千五百年历史的古埃及狮身人面像，还有列入世界文化遗产名录的戴克里先宫。戴克里先是公元 244 年出生在克罗地亚的罗马皇帝，他在晚年放弃帝位，返回达尔马提亚海边，修建了这座美轮美奂的宫殿。克罗地亚也是一个风景宜人的国度，有绵延千里的海岸线，岛屿星罗棋布，享有"千岛之国"的美誉。著名剧作家萧伯纳曾经说："想在地球上寻找天堂，那就要去杜布罗夫尼克看看。"英国诗人拜伦称杜布罗夫尼克为"亚德里亚海上明珠"。悬疑电影大师希区柯克也说过,扎达尔有世界上最美的日落。甚至曾有这样一个传说:上帝分配土地给各国各族,却独独漏了克罗地亚人,于是上帝把原本留给自己的土地给了克罗地亚。连上帝都对克罗地亚情有独钟,难怪她还有"上帝的后花园"这个美称。在克罗地亚,杜布罗夫尼克老城、普利特维采湖群国家公园、斯普利特老城、扎达尔的海浪风琴广场,都可谓是热爱旅行的人必须拜访的地方。

下面让我们一起从多个角度了解克罗地亚。

达尔马提亚海岸

上篇

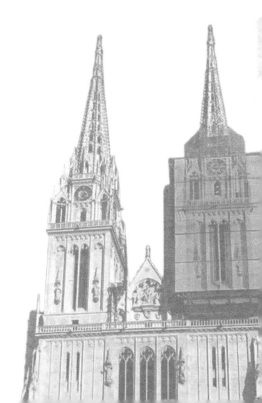

⛪ 溯回历史长河去寻根

　　克罗地亚民族在欧洲的历史长河中占有一席之地。依据考古学研究发现，早在旧石器时代就已经有人类生活过的痕迹出现在如今克罗地亚一些地区。克罗地亚境内发现了大量人类生活过的遗址，一些洞穴内发掘到破损的粗磨石质工具，经鉴定属于旧石器时代后期，也就说明旧石器时代已经有人居住在这里。

　　新石器时期，亚德里亚海地区的文化已然十分发达。最早发现的新石器时代文化，产生于亚德里亚海沿岸、沿海岛屿以及注入亚德里亚海的河流河谷地带。出土的陶器、兵器和村落遗址体现出这一地区新石器时代文化遗址的一些共同特征。[①] 新石器时

---

　　① 于沛：《斯拉夫文明》，福建教育出版社 2008 年版，第 308 页。

代中后期，人口日益密集，生活方式更加多样化，因而分化出新石器时代的多种文化，其中便包括分布在今天克罗地亚的达尔马提亚地区和黑山的达尼洛文化。新石器时代的人们有广阔的天地可以定居，尤其是靠近河流的居住地，地势较高又不会被河水淹没的土地最为宜居，人们在这里从事原始农业，同时也会捕鱼。当时的人们也已懂得畜牧，驯养羊、牛和猪。人们也会制作骨石工具、武器和饰以花纹的陶器，生产简单的织物。据说当时人们通常居住在土窑里，有的生活在树屋里。新石器时代早期文化比较有代表性的有临近克罗地亚、现如今匈牙利等国境内的潘诺文化。潘诺文化的代表是农业劳动者，他们已经开始使用青铜工具和武器。他们的偶像和祭祀用具证明当时的人们已经拥有比较发达的信仰。

公元前 1000 年，铁器也出现了，生产力和物质文化有了显著发展。但是当地居民还没有文字。在毗邻巴尔干半岛的希腊、小亚细亚和亚平宁半岛，古老的希腊罗马文明已经诞生了，对巴尔干半岛的居民产生了重要影响。

希腊殖民者最先来到亚德里亚海岸，他们是航海家，自然对岛屿和海岸颇为青睐。早在公元前 4 世纪，他们便来到这里，建立了诸多殖民地，比如伊萨（位于维斯岛）、法罗斯（位于赫瓦尔岛）、科尔基拉（位于科尔丘拉岛），还有特罗吉尔的特拉古里昂和斯普利特附近的埃佩蒂昂。同当地居民交流最多的是希腊的商人。早先居住在包括现如今斯洛文尼亚、克罗地亚和波斯尼亚和黑塞哥维那（简称"波黑"）部分地区，也就是巴尔干半岛西北部的伊利里亚部族已广泛分布在沿海地带。伊利里亚各部族人民的手工业产品、钱币、文字等都留下了受到希腊影响的痕迹。[①]

公元 2 世纪时期的古罗马历史学家阿庇安（约 95 年—约 165 年）提到过伊利里亚，他讲到很多当时的神话故事都与伊利里亚有关，但是几乎都未能流传下来。据他所说，希腊著名古城忒拜（另译"底比斯"）的创建者卡德摩斯和妻子哈耳摩尼亚的儿子名叫伊律里俄斯，这个词在希腊语中是与伊利里亚很相似的词。[②]

后来伊利里亚部族世界逐渐发生了变化，起初是罗马人诉诸武力进犯，之后借助逐步建立起来的据点，扩张到亚德里亚海东岸。古罗马向亚德里亚海东岸扩张的第一阶段始于公元前 3 世纪。罗马人武力介入伊利里亚人与希腊殖民者之间的冲突，伊利里亚部族不幸受到沉重打击。罗马人在亚德里亚海沿岸南部地区修建据点，目的是保障海上航运，但依然频频受到伊利里亚人的侵扰。

到了公元前 2 世纪，伊利里亚人的政治中心设在了南部地区，伊利里亚国王根齐耶也将都城建在今天阿尔巴尼亚大城市斯

---

① ［南斯拉夫］伊万·博日奇等：《南斯拉夫史》，商务印书馆 1984 年版，第 9—10 页。

② Marjeta Šašel Kos. "Mythological Stories Concerning Illyria and Its Name". *Actes du IVe colloque international de Grenoble*, 2002, p. 493.

库台的位置。伊利里亚人与罗马人冲突不断。有对抗就会有输赢，公元前170年至公元前168年的战争中，伊利里亚人不幸战败，于是臣服于罗马，伊利里亚不再独立，先前的希腊殖民地也一并划入罗马版图。

后来，罗马扩张至潘诺尼亚，位于今天的匈牙利、罗马尼亚、塞尔维亚、捷克、斯洛伐克以及奥地利部分地区。同时，伊利里亚人的抵抗中心也转移至内陆地区，坚决不向罗马人妥协。直至新纪元之初，也就是公元6年到9年，罗马人基本结束了艰苦鏖战，镇压住由实力不俗的伊利里亚首领、孪生兄弟巴托领导的巴托起义之后，方才取得胜利。

此时，除了多瑙河以东和以北地区，也就是今天塞尔维亚的伏伊伏丁那，大片的土地都处在罗马的控制下，那是历史上的前南斯拉夫几乎全部的疆域。这片广袤土地首次被统一，此后五百多年间都处在罗马的影响之下。罗马很大程度上让这片土地焕然一新，成为有组织、有文化和都市化的地方。生活在这片土地上的人们以后的发展，都是以许多罗马文明的成就为基础的。

罗马人在占领地区都建立了行省，包括克罗地亚在内的前南斯拉夫所在地区也不例外。这片土地曾经划入很多行省的版图。潘诺尼亚省包括多瑙河和萨瓦河之间的广阔地区以及萨瓦河以南的狭长地带。达尔马提亚省则包括亚德里亚海岸、迪纳拉山岳地带和辽阔的萨瓦河谷平原。随着时间的推移，行省的范围和名词都有过更改。现在克罗地亚的著名城市斯普利特就位于达尔马提亚。

在新占领地区，罗马人为了防备外来进攻和内部暴动，设置了军营，修筑了城堡，并驻有守备部队，因而军营和城堡毫无疑问便是罗马人施加影响的首要中心，许多军营还演变成了省城所在地。出于军事上的需要，罗马人修筑了设计周密、四通八达的交通网，因此将各省同意大利、省与省之间都连接起来。罗马的交通网修筑技术先进，存留的时间远远长于罗马帝国本身，所以在罗马人离开后，又为本地部族或外来民族所用。

随着经济迅速发展，不同地区有了相应的划分，包括积极经济地区、消极经济地区以及不适宜耕作的山林地区。巴尔干半岛西部和中部地区，包括达尔马提亚，以矿产丰富著称，曾开采出金、银、铁、铅等。流经克罗地亚等多个欧洲国家的多瑙河，其流域各省农业发展良好，被誉为粮仓。另外，航海和河运的显著发展也使得罗马帝国的中心意大利与遥远的省份之间的贸易变得活跃。

经济快速发展同样也带动了巴尔干各省的城市化。抛开军营不提，矿区、贸易交换地区和原有巴尔干部族所在地，都是人们聚集起来的地方，周围产生了城镇，之后又相应萌生了集会广场、寺院、输水管道、公共浴池等罗马文明成就。罗马帝国衰落后，这些古代遗迹也像古罗马交通网一样留给了多年后迁移到这里的民族。这时的一些城市也是后来发展起来的城市的雏形。

文化传统上，原有部族和占领者本来有着巨大的矛盾和差异，许久才得以缓和。原有居民渐渐被吸引到罗马的语言文化环境中来。各省的居民还加入罗马军队，几乎终生服役，他们不仅捍卫罗马帝国的疆界，也继承了罗马的生活方式。城市的原有居民受到了拉丁语和罗马物质文化和精神文化的影响。移居到行省的罗马人和原有居民逐渐同化，于是统治者也选择了包容异教以及各种宗教礼仪。不过巴尔干不同行省受罗马的影响不尽相同，比如远离城市和交通网的山区罗马化程度是较小的。行省管辖机构也保留了一些部族生活地区的风俗习惯。尽管巴尔干居民在罗马占领前的语言已经基本消失，仅仅在人名和地名中有所体现，但长达五个世纪的罗马统治并未统一不同部族的语言和文化。因此巴尔干半岛居民以后得以发展成为不同的民族群体。

公元 3 世纪，罗马帝国爆发了经济大危机，撼动了罗马。尽管一些地区劳动力十分匮乏，但是建城修路等大规模工程仍在进行中。商业和手工业也渐渐衰落，但是整体上的经济生活并未停滞，人口也没有显著减少。后来罗马帝国的元首政治制度改为皇权政治，皇帝拥有无限权力，同时代表神权。帝国的中心也转移到东部。公元 330 年，罗马皇帝君士坦丁（306—337 年在位）在君士坦丁堡定都。公元 395 年，罗马皇帝狄奥多西一世（379—395 年在位）离世，将罗马帝国分给两个儿子，罗马帝国从此一分为二，成为东罗马帝国、西罗马帝国。拜占庭帝国即东罗马帝国，历史延续了一千多年，于公元 1453 年灭亡。西罗马帝国在公元 476 年便灭亡了。

东罗马帝国是信奉基督教的国家，君士坦丁大帝在位期间，基督教被立为国教。当时巴尔干各省也成立了教会组织，据说教会历史可追溯至耶稣基督的圣徒及其早期门徒时期。公元 3 世纪曾经发生大规模驱逐基督教徒事件，伊利里亚涌现出众多殉道圣徒，之后又涌现出许多优秀的神学家。

渐渐地，东罗马帝国和西罗马帝国由于经济衰落等原因变得极为脆弱，于是外邦民族对边境的进犯愈演愈烈。包括克罗地亚在内的前南斯拉夫境内，在多瑙河畔设置的边境要塞系统越来越起不到作用。哥特人大举进攻，破坏掉多瑙河下游的边境要塞系统，而中游的领土内各个罗马行省却得以幸免。然而公元 448 年，匈奴人入侵，这片土地遭到严重破坏，特别是北部地区城市，受害最严重的有瑟乌姆（今塞尔维亚的斯雷姆斯卡·米特罗维察附近）、辛吉杜努姆（今塞尔维亚的贝尔格莱德附近）、纳伊苏斯（今塞尔维亚的尼什附近）、佩托维奥（今斯洛文尼亚的普图伊附近）和埃莫纳（今斯洛文尼亚的卢布尔雅那附近）。

公元 476 年，西罗马帝国灭亡，之后东哥特王国（493—553 年）在意大利建立，达尔马提亚、潘诺尼亚和今天奥地利的诺里克都划入由狄奥多里克国王（493—526 年在位）统治的东哥特王国的版图。东哥特人并未大规模移居到前南斯拉夫境内各省，东哥特人的统治维护了和平的生活，逐渐抚平了因匈奴入侵所造成的伤害。

然而东罗马帝国查士丁尼一世（527—565 年在位）推翻了

东哥特人对巴尔干半岛西部的统治，试图通过恢复东罗马帝国的实力，重建一个伟大的文明国家。他率先在非洲、西班牙和意大利创造丰功伟绩，又在公元 535 年依靠皇家舰队攻占了达尔马提亚省的中心萨洛纳，并迅速收服巴尔干各行省，同时大力修筑和修复边境要塞。①

整体上看，罗马帝国实力雄厚毋庸置疑，公元前 170 年起，罗马人几乎一直完全控制着包括现在的克罗地亚在内的巴尔干领土，统治时间约五个世纪。西罗马帝国和东罗马帝国的经济、文化、宗教、建筑艺术等给这片土地留下了深远的影响。

前文曾经提到过的伊利里亚部族已在公元前 4 世纪建立了王国，但是罗马人征服伊利里亚之后，在伊利里亚设置了伊利里库姆行省，行省建立的具体时间不详。然而正如前文曾经提到的，罗马统治未能统一巴尔干行省的语言和文化，伊利里亚便未曾彻底罗马化。伊利里亚还可能受到邻近地区希腊语和希腊文化的影响，同时巴尔干地区有层峦叠嶂，族群交流十分不便，而且多瑙河边界线不堪一击，频繁遭到蛮族入侵，这些都可能是伊利里亚不曾彻底罗马化的原因。到了公元 6 世纪、7 世纪，伊利里亚人受到斯拉夫人的入侵，再次被动与外族融合。②

① ［南斯拉夫］伊万·博日奇等：《南斯拉夫史》，商务印书馆 1984 年版，第 13—15 页。
② 沈坚：《伊利里亚人与外部世界的关系》，《华东师范大学学报（哲学社会科学版）》，2000 年第 5 期，第 57—60 页。

入侵伊利里亚的斯拉夫人便是包括克罗地亚人在内的南部斯拉夫人的祖先。除克罗地亚人之外，保加利亚人、塞尔维亚人、斯洛文尼亚人、马其顿人和黑山人也都是南部斯拉夫人。斯拉夫人还包括西斯拉夫人，即波兰人、卢日支人（主要分布在中东欧的一个民族）、捷克人和斯洛伐克人，以及东斯拉夫人，即俄罗斯人、乌克兰人和白俄罗斯人。

关于斯拉夫人的"祖籍"，并没有确凿的记载。较多学者认为，最早的文字记录出现在公元 1 世纪末和 2 世纪初的古罗马文献。相关古罗马文献曾提到维内德人，据考证，维内德人便是古代斯拉夫人。他们曾在公元 1 世纪至 2 世纪分布在西起奥得河（源头位于捷克）、东达第聂伯河（源头位于俄罗斯）、南至喀尔巴阡山（分为几个山群，位于欧洲中部）、北及波罗的海（位于欧洲北部）的广阔地区。今天波兰境内的维斯瓦河河谷很可能是斯拉夫人的故乡。公元 4 世纪至 6 世纪，斯拉夫人中间开始出现部落联盟。随着民族大迁徙所带来的挤压和冲击，斯拉夫人逐渐分成西、东、南三大分支。由于南部斯拉夫人与拜占庭人有过密切的联系，被多次载入史册，因而"斯拉文人"或"斯拉夫人"便成了各个斯拉夫民族的总称。

拜占庭相关史书曾记载，斯拉夫人中的一支名为"斯拉维人"，5 世纪末、6 世纪初已经出现在潘诺尼亚和多瑙河下游一带。阿提拉匈奴人部落联盟中也曾有斯拉夫人。一些斯拉夫学者认为，5 世纪末和 6 世纪初之际，斯拉夫人已经是拜占庭帝国的邻居，占据着喀尔巴阡山脉到多瑙河流域的广袤地带。

然而6世纪时，斯拉夫人依然处于原始公社阶段，但已经拥有较为坚固的军事组织，部落会议在原始民主生活中占据重要地位。农业已是主要生产活动，其他还包括畜牧业、渔业和养蜂。冶金、纺织、皮革、木工、制陶等手工业也有一些发展。

到了6世纪末和7世纪，斯拉夫人跨过多瑙河，来到巴尔干半岛，这部分斯拉夫人便是南部斯拉夫人，是今天保加利亚人、塞尔维亚人、克罗地亚人、斯洛文尼亚人、马其顿人和黑山人的祖先。巴尔干半岛也就是前文提到过的曾经的南斯拉夫这个国家的所在地。

虽然南部斯拉夫人迁移至巴尔干半岛时，有着相近的语言、生活方式和社会组织形式，但是他们来到巴尔干半岛之后既不统一，又不团结。有拜占庭史学家提到，巴尔干半岛的斯拉夫人有公社民主组织，但他们不团结，各自为政，甚至相互为敌。拜占庭称南部斯拉夫人为"斯拉维宁"。南部斯拉夫人在与拜占庭帝国的斗争中，成立了军事和部落联盟，有的部落联盟成了国家形态组织的雏形。

斯拉夫人还有牢固的村社制度，但并未广泛使用奴隶，战俘享有自由人待遇。斯拉夫人直接从原始社会进入封建社会，跨过了奴隶制阶段。

南部斯拉夫人定居巴尔干半岛后，他们的足迹踏遍半岛上的河谷、盆地、山脉和平原。不同的部族往往以当地的河流、古罗马城市遗址和山脉为名。后来部落之间兼并融合，形成较大的部落联盟，之后又与伊利里亚等原住部落或较早迁来的部落相融合，成为今天包括克罗地亚人在内的斯拉夫人的祖先。①

伊利里亚人曾经生活在亚德里亚海岸和巴尔干半岛上，希腊人和罗马人也都曾经占领过巴尔干半岛的部分或者大片土地。而后到来的是斯拉夫人，斯拉夫人国家的历史即将开始，克罗地亚的国家历史也将拉开帷幕。

---

① 马细谱：《南斯拉夫通史》，上海科学院出版社 2020 年版，第 8 页。

⛪ 困难重重的建国历程

在现如今的克罗地亚土地上，伊利里亚人、希腊人、罗马人都曾留下他们的足迹。但多数学者认为，克罗地亚人的历史开始于 7 世纪后半叶，当时南部斯拉夫人在巴尔干半岛西北部定居下来。也是从那时开始，克罗地亚人开始斯拉夫化，讲斯拉夫语，有了斯拉夫人的风俗习惯，成为南部斯拉夫的一部分。

古老的克罗地亚传说曾提到，斯拉夫人的首领渐渐掌控了亚德里亚海沿岸和萨瓦河与德里纳河之间的地区，而这位斯拉夫人首领的其中一个儿子名为"克罗地"。①

直到 8 世纪末，克罗地亚人终于建立起自己的国家——克罗

---

① 马细谱:《南斯拉夫通史》,上海科学院出版社 2020 年版,第 8 页。

地亚公国，第一位大公是维舍斯拉夫（约 785 年—约 802 年在位）。克罗地亚人从白克罗地亚，也就是从伊斯特拉半岛的拉沙河到潘诺尼亚的采蒂纳河和博斯纳河之间的广阔地域，迁至现在的克罗地亚。但这次迁移并不是自发性的，而是受到拜占庭帝国皇帝希拉克略（610—641 年在位）邀请，目的是共同对抗来自黑海草原的阿瓦尔人。626 年，阿瓦尔人败于君士坦丁堡，后来被赶出伊利里亚。

与白克罗地亚相对应的是红克罗地亚，位于采蒂纳河以南，包括从采蒂纳河到内雷特瓦河的内雷特瓦地区、从内雷特瓦河到杜布罗夫尼克的扎胡姆列地区、从杜布罗夫尼克到科托尔湾和杜克利亚的特拉武尼亚、从科托尔湾到博亚纳河与德林河的交汇处。

此时的克罗地亚领土曾经隶属罗马帝国疆土，也就是达尔马提亚和潘诺尼亚。达尔马提亚包括伊斯特拉半岛至德里纳河以及今天的阿尔巴尼亚，萨瓦河与德拉瓦河之间是南部潘诺尼亚。罗马人以萨洛纳为中心，在达尔马提亚建立起多个城市。手工业生产、贸易往来、文化、艺术，特别是建筑艺术欣欣向荣，蓬勃发展。罗马建筑师技艺巧夺天工，他们的作品很多都保留了下来。①

关于潘诺尼亚，有过这样一个故事。古罗马历史学家阿庇安提到一位名叫哥尼流的人曾率领众人对潘诺尼亚开战，结果却被

---

① 左娅:《克罗地亚》，社会科学文献出版社 2007 年版，第 45 页。

打得落花流水，甚至使得意大利全境都开始恐慌，接下来数年间都对潘诺尼亚的人望而生畏。有学者证明，阿庇安提及的事情是罗马裁判官纳西卡·塞拉皮奥在公元 141 年的经历，地点靠近马其顿的边境，这段经历在提图斯·李维撰写的缩略史著作中有简略的记载。故事告诉我们，当时生活在潘诺尼亚的人们很可能骁勇善战，势不可挡。①

从 7 世纪到 9 世纪，一个转变对克罗地亚后世的文化产生了深远的影响，那就是达尔马提亚的克罗地亚人逐步接受了基督教。克罗地亚人归信基督教，克罗地亚开始迈入基督教文明的范畴。

克罗地亚人聚居的地区处于中欧和南欧、西欧和东欧之间，其中小部分属于中欧，大部分则属于巴尔干半岛。地形也十分复杂，维莱比特山脉、莫索尔山、比奥科夫山把克罗地亚分成内陆地区和沿海地区，这样的地貌不利于克罗地亚建立国家。长长的、锯齿状的海岸线和辽阔富饶的潘诺尼亚平原都被宽广的山区切断了。雪上加霜的是，无论侵略者是从东攻到西，还是从东北攻到西南，这里都是必经之地。复杂的地形特征将克罗地亚分割成了三个相互分离的地理政治区域，分别是达尔马提亚、潘诺尼亚、内雷特瓦公国。另有一些克罗地亚人居住在杜布罗夫尼克、

---

① M. Gwyn Morgan. "Cornelius and the Pannonians": Appian, Illyrica 14, 41 and Roman History, 143–138 B. C. *Historia : Zeitschrift für Alte Geschichte*, 1974, 23(2), p. 183.

克罗地亚公国以东和伊斯特拉半岛。

前面提及的维莱比特山一带，有瀑布、峡谷、峭壁，还有开阔空旷的平原。有趣的是，这里与当代欧洲电影史也有千丝万缕的联系。维莱比特山是展现西部野性的绝佳地区，著名的德国西部牛仔电影《亡命小道》以及一些印度电影都是在这里拍摄的。①

9世纪前半叶，克罗地亚国家的地位并不稳固，时常被邻近国家虎视眈眈。此时达尔马提亚处在法兰克王国的统治之下，但是法兰克王国的政权不够强大，克罗地亚大公的势力却日益壮大，所以克罗地亚越来越独立。后来达尔马提亚又曾短暂地处在拜占庭帝国的控制之下。在东面，阿拉伯帝国的力量逐渐战胜拜占庭，先是巩固了在意大利南部的实力，而后便打入亚德里亚海。在西面，威尼斯人依靠贸易在拜占庭帝国发财致富，力量也渐渐壮大。拜占庭帝国依然屹立不倒。克罗地亚的沿海地区航线便利，将亚德里亚海边其他国家，尤其是隔海相望的意大利滨海地区和地中海各国相连接。尽管有强大邻国环伺，几十年后，克罗地亚人和威尼斯人之间爆发了战争，克罗地亚还是获胜了。

845年至864年，特尔皮米尔大公建立了幅员辽阔而强大的克罗地亚国家，克罗地亚人建立了自己的、独立的封建国家。尽管他承认法兰克国王的政权，但他完全独立执政，同时也模仿法

---

① 维莱比特山介绍。https://rewildingeurope.com/areas/velebit-mountains/.
2021年5月3日.

兰克王国的国家治理方式。特尔皮米尔大公建立了由克罗地亚民族统治的特尔皮米罗维奇王朝，获得了巴尔干半岛上的斯拉夫统治者从未有过的强大统治地位。

尽管特尔皮米罗维奇王朝持续时间并不算十分长久，断断续续统治克罗地亚直到 11 世纪，但却奠定了克罗地亚国家独立发展的基础。特尔皮米尔大公有三个儿子，但他们都没有继位，另一家族成员多马戈伊（864—876 年在位）成了继承人。多马戈伊在对抗威尼斯人的战役中立下了赫赫战功，甚至将克罗地亚从法兰克王国手中解放出来。特尔皮米尔大公的儿子兹德斯拉夫（878—879 年在位）在多马戈伊之后继位。兹德斯拉夫的功业远远比不上他的前任。拜占庭皇帝想要通过拉拢他来巩固自己对达尔马提亚诸城的控制，他要求达尔马提亚诸城及岛屿向克罗地亚大公上贡，不必向住在扎达尔的拜占庭摄政王上贡。此时距离克罗地亚挣脱法兰克王国统治并不久，克罗地亚人民对拜占庭帝国的政权也十分不满，导致了动乱的爆发。动乱中，兹德斯拉夫大公被赶下台，克罗地亚和达尔马提亚不再受拜占庭帝国的掌控。

下一位克罗地亚统治者布拉尼米尔（879—892 年在位）有与两位前任不同的经历和政治倾向，他依靠最高政治道德权威以及罗马教皇的支持，巩固了克罗地亚的独立。不得不说的是，罗马教皇与布拉尼米尔大公之间的关系对克罗地亚国家及其历史有着显著的意义。克罗地亚国家独立之后，布拉尼米尔大公向罗马教皇致信，表示忠诚于他。罗马教皇欣然接受，并赐福给布拉尼米尔大公、克罗地亚及其人民。罗马教皇又以公文的形式承认了布拉尼米尔大公的权力。根据当时的政治惯例，克罗地亚已经成为独立的、获外国承认的主权国家，布拉尼米尔成为合法的克罗地亚统治者。①

建国一百年间，克罗地亚公国逐渐稳固。公元 10 世纪最初几十年，克罗地亚公国达到鼎盛，拥有强大的海陆军事力量。据说克罗地亚统治者在 30 年代时已经拥有十万步兵、六万骑兵以及五千余人的水兵。即使数字可能并不准确，但是也可以侧面反映当时克罗地亚强大的军事力量。②

托米斯拉夫时期（910—930 年在位）开疆拓土，克罗地亚的版图超出了原本的山区界限，潘诺尼亚平原失而复得。这片土地位置关键，所以几次易主，早先被法兰克王国占据，以后受到保加利亚王国的统治，而从 9 世纪末以来则遭到匈牙利人的屡次袭击。这片辽阔的土地一直延伸到德拉瓦河，匈牙利人就在不远处。这里划归克罗地亚公国的疆土，虽然为公国的扩张开辟了道路，但同时也使克罗地亚同匈牙利人兵戈相向，并促使克罗地亚人向沿海开拓。

从和周边民族的争斗中，可以看出历史上克罗地亚人的战力

---

① 左娅:《克罗地亚》,社会科学文献出版社 2007 年版,第 46—47 页。

② ［南斯拉夫］伊万·博日奇等:《南斯拉夫史》,商务印书馆 1984 年版,第 43 页。

不弱。10 世纪，匈牙利马扎尔人迁徙到多瑙河流域中部之后，开始向外扩张。保存完好的古罗马道路为他们提供了便利，他们的足迹迅速延伸到德意志、意大利、保加利亚和拜占庭帝国。占领的土地多了，士气也会旺。不过天下从来没有常胜不败之师，他们在前往亚德里亚海的途中，遇到了克罗地亚这颗"钉子"。托米斯拉夫率领克罗地亚人把匈牙利人赶到了多瑙河对岸，这次大捷对克罗地亚来说无疑是值得骄傲的。此时，克罗地亚北部的萨瓦河流域和南部的达尔马提亚诸城联合成为统一的克罗地亚国家。克罗地亚的疆土包括从德拉瓦河到亚德里亚海，从拉沙到斯列梅、德里纳河和扎胡姆列诸城。

保加利亚虽然未对克罗地亚造成显著威胁，但克罗地亚也不得不分身抵御保加利亚的进攻。保加利亚统治者鲍里斯·米哈伊尔发动进攻失败，只得与克罗地亚缔结和约。但是保加利亚政府在攻打塞尔维亚之后又对克罗地亚展开了进攻，只是又失败了。

在经济上，克罗地亚也在不断发展。克罗地亚天然良港众多，相当有利于克罗地亚经济的发展。在克罗地亚领土统一和经济、政治、军事力量强大的基础上，统治者个人的权力也不断扩大，托米斯拉夫于 925 年被加冕为克罗地亚和达尔马提亚王国的国王，罗马教皇承认了他的国王称号，于是克罗地亚公国便成了王国。①

---

① 左娅：《克罗地亚》，社会科学文献出版社 2007 年版，第 48—49 页。

托米斯拉夫被盛赞为第一位克罗地亚国王和最早统一克罗地亚国家的奠基人。克罗地亚首都萨格勒布有一座广场以他命名，萨格勒布还有一座他的纪念碑。1925 年，托米斯拉夫加冕一千年纪念日那天，波斯尼亚的城市杜夫诺更名为托米斯拉夫市。当时的南斯拉夫全境热烈庆祝这次的纪念日。1994 年发行的 1000 克罗地亚库纳纸币背面也印有萨格勒布的托米斯拉夫像。克罗地亚一种黑啤酒也是以他命名。托米斯拉夫在克罗地亚的重要地位可见一斑。①

928 年，一代伟人托米斯拉夫去世。他统一了克罗地亚领土，为克罗地亚国家的成长和壮大奠定了基础，击退了匈牙利人和保加利亚人的入侵，加强了克罗地亚海上贸易，使克罗地亚各地区和岛屿的关系更密切。

然而克罗地亚国家的繁荣没有持续太久。到了 10 世纪中期，王室家族一些成员的野心膨胀，外国势力也想来分一杯羹，导致克罗地亚内部纷争频繁，再次分崩离析。克雷希米尔二世（949—969 年在位）时期，克罗地亚丢掉了布拉奇岛、赫瓦尔岛、维斯岛以及达尔马提亚诸城，克罗地亚国力显著衰退。克雷西米尔的儿子斯捷潘·德尔日斯拉夫（969—997 年在位）与拜占庭关系融洽，曾帮助拜占庭反抗强大的保加利亚皇帝萨穆埃尔。为表回报，拜占庭把达尔马提亚诸城及岛屿的治理权交给了

---

① Tomislav of Croatia. https://en. wikipedia. org/wiki/Tomislav_of_Croatia. 2021 年 5 月 14 日.

德尔日斯拉夫，承认他是达尔马提亚国王。德尔日斯拉夫死后，克罗地亚爆发了激烈的权力角逐。

值得一提的是，保加利亚皇帝萨穆埃尔（980 1014 年在位）在历史上赫赫有名。他不仅进攻过克罗地亚，也曾对塞尔维亚开战，阻止了塞尔维亚的约万·弗拉基米尔王子与拜占庭结盟，并俘虏了约万·弗拉基米尔。萨穆埃尔一位名叫科萨拉的亲属爱上了弗拉基米尔，经过萨穆埃尔的首肯，二人结为夫妻。后来，弗拉基米尔以保加利亚官员的身份返回了故土。民间故事描绘了科萨拉和弗拉基米尔二人的相遇相爱，也是当地中世纪早期文学最浪漫的爱情。[①] 无独有偶，米洛斯拉娃公主爱上了萨洛尼卡（今天的希腊城市）已故总督之子阿肖特，发誓如果不能与他结合就要自杀。萨穆埃尔再次做出让步，并任命阿肖特为底耳哈琴总督。看来这两个故事是有关萨穆埃尔的记载中比较另类的了。

几十年后，克罗地亚迎来另一位名垂青史的统治者。佩塔尔·克雷希米尔四世（1058 — 1074 年在位）期间，南部城市和岛屿均拥有一定的自治权，牧师和贵族们享有各种优惠，封建制迅速发展。克罗地亚面朝大海，商品生产很早就开始发展，手工业生产和海上贸易产生了丰厚的回报。克雷希米尔四世允许达尔

---

① Skylitzes, John. *A Synopsis of Byzantine History*, *811-1057*: *Translation and Notes*. Cambridge: Cambridge University Press, 2010, p. 451.

马提亚自治，向他们征收和平税，缴纳这种税，市民便能使用城市外面的土地。城中的经济生活为贸易、手工业、航海业奠定了基础。城市居民有了阶层划分，有钱人有能力购买动产、不动产，逐渐获得一定的权力。

1060 年，克雷希米尔加冕为克罗地亚和达尔马提亚国王，克罗地亚被命名为克罗地亚和达尔马提亚王国，包括达尔马提亚、波斯尼亚、斯拉沃尼亚和内雷特瓦公国。佩塔尔·克雷希米尔四世统治克罗地亚时期，疆土面积达到最大，他因此赢得了"伟人"称号，这在克罗地亚历史上几乎是空前绝后的。希贝尼克市有一尊他的雕像，这座城也被称为"克雷西米尔城"。

但是克雷希米尔的意气风发仅仅维持了十几年。1074 年，一支诺曼人组成的远征部队攻陷了达尔马提亚诸城市，并俘虏了克罗地亚国王。在罗马教皇的调停下，对抗双方订立条约，克罗地亚把达尔马提亚地区的斯普利特、特罗吉尔、比奥格勒和尼恩割让给诺曼人。这样一来，诺曼人在克罗地亚沿海实力变得十分强大，威尼斯人感到自己的利益受到了威胁，于是威尼斯人向诺曼人宣战，并夺取了斯普利特、特罗吉尔、比奥格勒、扎达尔和尼恩。无论是属于诺曼人还是威尼斯人，达尔马提亚又一次不再属于克罗地亚。

克雷希米尔四世没有继承人，斯拉沃尼亚①总督兹沃尼米尔

---

① 斯拉沃尼亚曾是罗马帝国潘诺尼亚行省的一部分。

（1076—1089 年在位）继位。兹沃尼米尔面临着收复失地的使命。他运用"纵横捭阖之术"，利用威尼斯与罗马教皇不和，在教皇的支持下夺回了达尔马提亚的统治权。从此，克罗地亚王国加入了罗马教皇在整个欧洲建立的教皇附属国体系。在中世纪的传说中，兹沃尼米尔是遇刺身亡的。但在克罗地亚历史记载中，有关他去世和传位的信息是有争议的。

可惜克罗地亚贵族中权力的纷争并未休止，内忧外患再次引发争端。已故国王兹沃尼米尔的遗孀是匈牙利国王之女，她唆使匈牙利阿尔帕德王朝（889—1301 年），以继承权为借口，意图谋夺克罗地亚王位。11 世纪末，匈牙利人入侵克罗地亚北部，威尼斯也趁机占领了一些沿海地区，达尔马提亚又面临先后被威尼斯和拜占庭占领的危险，克罗地亚的领土完整受到了严重侵害。为了维持领土完整，克罗地亚王国与匈牙利合并，并选举匈牙利国王为克罗地亚国王。在接下来的四百年中，克罗地亚历史与匈牙利历史交织在一起，期间有两百年的时间，克罗地亚全部土地都在匈牙利阿尔帕德王朝统治之下，只是 1167 年到 1180 年间拜占庭重新取得了对达尔马提亚的统治，组建了达尔马提亚—克罗地亚公国。

匈牙利阿尔帕德王朝有过辉煌的历史。第一位国王圣史蒂芬是一位传奇人物。他是匈牙利历史上最突出的政治家。他最主要的贡献是成立了基督教国家，让匈牙利人在之前由匈奴、阿瓦尔人等民族控制的喀尔巴阡盆地幸存下来。他过世之后被教会封为圣徒。他的右手被保存下来，现在依然在匈牙利首都布达佩斯的圣史蒂芬大教堂。历史上这只右手曾经被一位神职人员盗走过，后来被找到。人们为了纪念他，在找到右手的地方修建了一个修道院。

13 世纪，匈牙利阿尔帕德末代王朝衰落了，克罗地亚部分家族兴起。克罗地亚势力强大的舒比奇家族兼并了周围的土地，建立了国家，势力范围包含从佩塔洛夫山到内雷特瓦河，从亚德里亚海到博斯纳河附近，只是尚未囊括威尼斯人控制下的扎达尔。1311 年，扎达尔爆发了反对威尼斯的暴动，人们推选舒比奇之子姆拉登二世为大公。事实证明这个决定不够明智。之后包括扎达尔在内的达尔马提亚诸城市不满姆拉登二世的掠夺政策，倒戈支持威尼斯。克罗地亚贵族要求恢复自己原有的权利，并于 1322 年团结一致罢黜了姆拉登二世。威尼斯对达尔马提亚的统治长达几个世纪，为保护宗主国的利益，克罗地亚在经济上受到诸多限制，达尔马提亚诸城市经济上出现倒退。①

可以看出，即使克罗地亚国家已经建立，国运也是极为动荡的，克罗地亚频频受到周围强大势力的侵扰。即使出现过显赫的君王，也难以彻底改变生存于强国夹缝中的状况。

另外，克罗地亚历史、政治、社会与宗教也曾有解不开的联系。10 世纪之时，罗马天主教已经对克罗地亚有明显的影响。克

---

① 左娅:《克罗地亚》,社会科学文献出版社 2007 年版,第 52—53 页。

罗地亚领土统一后，教会对如何管辖统一后的克罗地亚产生了疑问。当时达尔马提亚的主教们没有受到统一的管理，他们在各城"各自为政"。斯普利特大主教想要掌控达尔马提亚的主教们，与此同时尼恩也有自己的主教。斯普利特大主教和尼恩主教自然而然因为教会权力产生了不愉快。

扎达尔大主教也同斯普利特大主教展开竞争。扎达尔是达尔马提亚首府，扎达尔大主教有权成为达尔马提亚的教会首脑，但是斯普利特大主教还是凭借个人威信占据了优势。几方僵持不下，只能向教会的最高领袖求助。为了解决争端，当时的克罗地亚君主托米斯拉夫和达尔马提亚的几位主教找到罗马教皇，请求通过斯普利特教会议会做出裁决。925年，克罗地亚、达尔马提亚和扎胡姆列第一届议会在斯普利特举行。议会决定赋予斯普利特大主教掌管大片区域的权力。

但是战火再一次燃起，由于保加利亚军队进攻，议会被迫中断。三年后召开第二次议会，斯普利特大主教被授予管理整个克罗地亚教会的权力，同时禁止用斯拉夫语举行宗教仪式，禁止给讲斯拉夫语的神职人员授圣职，规定必须用克罗地亚民族字母"格拉哥里"字母（另译"格拉果尔"），这种古老的语言至今存在于一些宗教仪式和文学作品中。① 由此可见，教会的争端竟使得君主出面调停解决，教会议会有改变国家语言文字的权力，

① 左娅:《克罗地亚》,社会科学文献出版社2007年版,第49页。

教会的影响力和重要性可见一斑。

第二次教会议会决定使用的格拉哥里字母是人们所知的、最古老的斯拉夫字母。据说格拉哥里字母的起源是这样的。大摩拉维亚①大公拉斯蒂斯拉夫曾经联络拜占庭皇帝，要求他派传教士到大摩拉维亚。此时拜占庭和斯拉夫地区关系相对融洽。863年，拜占庭皇帝米哈伊尔三世便派遣了两位兄弟学者到大摩拉维亚国，向那里的西斯拉夫人宣传基督教。兄弟俩出生于希腊的萨洛尼卡。相传，哥哥康斯坦丁在外交和传教方面经验丰富，弟弟梅托迪耶则对斯拉夫人和斯拉夫语言颇有研究。兄弟二人决定将与礼拜相关的书籍翻译成广大群众可以理解的现代斯拉夫语言（也就是古教会斯拉夫语）。由于这种语言的单词不易用希腊字母或者拉丁字母书写，他们决定创造一种新的文字，也就是格拉哥里文。兄弟俩不仅翻译了基督教最重要的祈祷文，而且奠定了斯拉夫文学的基础，甚至为此后斯拉夫文化发扬光大开创了新的前景。②③

康斯坦丁和梅托迪耶为传教曾去到潘诺尼亚的斯拉夫公国。大约在公元9世纪中叶，斯拉夫人消灭了阿瓦尔国，同时在巴拉顿湖附近地区（位于今天的匈牙利）定居，建立了一个公国，公

---

① 早期斯拉夫国家,领土曾涵盖捷克、斯洛伐克等国部分地区。

② Curta, Florin and Stephenson, Paul. *Southeastern Europe in the Middle Ages*, 500–1250. Cambridge: Cambridge University Press, 2006, p. 125.

③ ［南斯拉夫］伊万·博日奇等:《南斯拉夫史》,商务印书馆1984年版,第36页。

国的中心是一座天主教堂。教堂是一个名叫普里比纳的人所建立的，他是一个法兰克君王的属臣。梅托迪耶从罗马返回的途中来到这个公国，并得到接待。罗马教皇对梅托迪耶的传教成果大加赞扬，还任命他为斯雷姆—潘诺尼亚主教区的大主教。当时法兰克王国控制下的斯拉夫地区在政治上产生了脱离法兰克王国的倾向，教会也日趋独立，宗教仪式也使用斯拉夫语，于是法兰克王国在政治上和教会都开始施加新的压力。梅托迪耶也受到牵连，先是被下狱，而后又被驱逐出境，直到 885 年他去世前都无法再从事宣教活动。

由于政治局势严峻，康斯坦丁和梅托迪耶兄弟俩先前的事业未能开花结果。但是在梅托迪耶的学生们宣教期间，格拉哥里字母逐渐在克罗地亚和亚德里亚沿海岛屿广为流传，从希腊字体演化成的基里尔字母则被边缘化。格拉哥里文字在克罗地亚长久存在，在之后的几个世纪，更是被认为是克罗地亚文字，后来甚至被认为是克罗地亚文化的本质特点之一。

9 世纪末，斯拉夫人聚居地是重要的文化中心。梅托迪耶的学生克利门特（生于公元 916 年以后）在这里大力开展文化和宗教活动，致力于提高斯拉夫神职人员的地位、教育人民以及翻译和创作文学作品。

本章梳理了克罗地亚的建国历程以及这一阶段中的政治、经济、宗教、语言文字等方面的基本情况，我们不难发现，克罗地亚时常处在周围大国、强国环伺之下，国土的完整频频受到威胁，统治者不得不靠维持与周边国家的友好关系，甚至靠割舍一些利益来维持局面。克罗地亚时时面临来自不同方向的危机，而且未来还将面对新的威胁，国民处境变得更加困窘。

🏰 匈牙利、奥斯曼、奥地利
——难以挣脱的三重压迫

前文曾经提到，从 12 世纪开始的四百年间，克罗地亚的历史都与匈牙利历史交织在一起，甚至有两百年的时间都处在匈牙利的掌控之下，十分身不由己。另外，13 世纪末，强大的奥斯曼帝国（1299 — 1923）也登上了历史的舞台。1463 年，奥斯曼帝国正式占领波斯尼亚，也对克罗地亚造成极大的威胁。奥斯曼—威尼斯战争（1463 — 1479 年和 1499 — 1503 年）期间，奥斯曼军队攻陷了达尔马提亚和伊斯特拉。1493 年，克罗地亚同奥斯曼交战，奥斯曼军队尽管受到顽强抵抗，最终还是取得了胜利。此后，顽强的克罗地亚人开始了抵抗奥斯曼的百年（1493 — 1593）历史。

尽管奥斯曼军队并未完全占领克罗地亚，但是克罗地亚的领土大大缩小了，小到几乎只剩下原来的一半。15世纪至16世纪，克罗地亚人的命运无疑是悲惨的。许多克罗地亚人被杀，活着的人有的沦为奴隶，有的远走他乡，如去到匈牙利、奥地利、意大利等地。据估计，到18世纪末，克罗地亚的人口减少了160万。人口急剧下降带来的是经济和文化发展及防御能力的倒退。另外，奥斯曼的入侵引发了大规模的人口迁徙，不仅仅指的是克罗地亚人迁出，同时许多非克罗地亚族人沿着奥斯曼边界从巴尔干半岛内陆迁到克罗地亚。这些民族的语言、宗教和生活方式与克罗地亚族都不一样。

克罗地亚等地区被奥斯曼帝国占领，战争极大地破坏了地区经济和社会发展，劳动力短缺让领主加重了对农奴的剥削和压迫，封建农奴制加强，不利于城市的发展、工商业扩大和生产力提高。与此同时，地理大发现将世界的贸易中心从地中海转移到了大西洋沿岸。英、法等西方资本主义国家快速发展，拉大了与奥斯曼占领地区经济社会发展的差距。[①]

至16世纪末，克罗地亚缩小到只有一条狭长地带，其他所有领土（杜布罗夫尼克除外）均被奥斯曼帝国和威尼斯占领。奥斯曼帝国政权十分反感克罗地亚，认为他们是教皇的属民，所以信天主教的克罗地亚人的处境远不如东正教徒和伊斯兰教徒。因

① 高歌：《为何"亚洲始于维也纳的门外"？——奥斯曼帝国入侵后的东欧国家之殇》，《人民论坛·学术前沿》，2014年第20期，第19页。

此一部分克罗地亚贵族为了保住自己的领地和社会地位改信伊斯兰教。天主教徒必须缴纳苛捐杂税，甚至被迫把健康的男孩送进伊斯兰学校，这一政策被称为"血税"。①

不屈的克罗地亚人民不断兴起反抗异族占领者的斗争。1510年在赫瓦尔爆发了反抗威尼斯独裁和殖民统治的起义。广大农民对封建领主的残酷剥削极其愤恨和不满，多次暴动。1573年，马蒂亚·古贝茨在克罗地亚西北部领导大规模农民起义，要求废除封建领主的经济特权，承认农民的政治权利。但起义惨遭统治者的血腥镇压，古贝茨被俘，在萨格勒布的广场上被奥斯曼封建领主活活烧死，壮烈牺牲。

国势岌岌可危，为了让克罗地亚不再受奥斯曼帝国的侵略，克罗地亚大公们努力寻求出路。1527年1月1日，他们推选奥地利国王斐迪南一世为克罗地亚国王（1527—1564年在位），克罗地亚接受了奥地利的统治。就这样，克罗地亚维持了同匈牙利之间的关系，但也不得不受奥地利统治。此后，克罗地亚的统治权在奥地利和匈牙利之间几度易手。

1578年起，奥地利为了抵御奥斯曼的入侵，在克罗地亚和斯拉沃尼亚广阔的边境设立"屯边区"，招募西迁的塞尔维亚人到屯边区定居。屯边区不受克罗地亚议会以及总督管辖，直接归奥地利军事长官统治。奥地利军队将屯边区的居民武装起来，他们

---

① 引自左娅：《克罗地亚》，社会科学文献出版社2007年版，第54页。

成为廉价的军事力量。奥地利哈布斯堡王朝在屯边区实行中央集权专制统治，推行日耳曼化政策，因此克罗地亚议会极为不满，反复要求把屯边区收回克罗地亚行政管理范围。直到 1881 年，屯边区才归入克罗地亚。

奥斯曼虽然强大，但也终究不可能是常胜之师。1593 年，奥斯曼在锡萨克被克罗地亚击败，这是奥斯曼近百年来在本国边境遭到的最惨重的失败。克罗地亚乃至整个西欧"苦奥斯曼久矣"，于是纷纷庆祝这一胜利。这场战役遏制了奥斯曼势力在克罗地亚扩大的趋势，是近百余年来克罗地亚防御战的转折点，而奥斯曼帝国的军事力量也逐渐开始走下坡路，不再一骑绝尘。

虽然克罗地亚连年战乱，但是好在战火并没有烧遍每一片土地，位于东南部、亚得里亚海滨的杜布罗夫尼克就是一块平静的绿洲。尽管杜布罗夫尼克人名义上承认各统治者的最高权力，但他们利用灵活的外交手段，远离了战争。和平的局面允许杜布罗夫尼克人的统治、经济和文化活动有序进行。在奥斯曼苏丹的名义统治下，他们在整个帝国内都享有贸易特惠权，甚至建立了第一家海上贸易公司，海上贸易相当发达。古代的商人将货物运到各地，他们往往在潜移默化中成为沟通不同地区的桥梁。杜布罗夫尼克商人便是联系巴尔干半岛和西欧的纽带，他们同地中海几乎所有的重要港口都签订了协议，成为亚德里亚海海上从事奥斯曼土耳其各地区过境贸易的唯一集散地。杜布罗夫尼克的兴旺一直延续到 16 世纪下半叶。新大陆及新航海路线的发现，使杜布罗夫尼克逐渐丧失了自己在奥斯曼管辖地区的贸易垄断地位。在奥斯曼的港口，英国、法国、荷兰的船只取代了杜布罗夫尼克的商船。1667年的大地震毁掉了这座城市，造成大量居民死亡，极大地损失了物质财富，杜布罗夫尼克开始衰落。①

杜布罗夫尼克老城墙

---

① 转引自左娅:《克罗地亚》，社会科学文献出版社2007年版，第55—56页。

杜布罗夫尼克位于亚德里亚海南岸，原来是古罗马帝国的一个城邦，又名"拉古萨"，12世纪以后成为斯拉夫人的城市。11世纪至13世纪，西欧天主教会、世俗封建主和意大利的富商，对地中海东岸的国家发动了长期的侵略战争，史称"十字军"东征，在历史上赫赫有名。在此期间，杜布罗夫尼克成为水路贸易的一个重要枢纽，在意大利与巴尔干半岛的贸易往来中起着重要作用。杜布罗夫尼克在15世纪时成为城市共和国，拥有自己的宪法和议会。虽然从16世纪中期起开始向奥地利纳贡，但并未丧失独立地位，而且在海上贸易方面享有特权，实力雄厚，拥有300余艘商船，航行在欧洲、北非和小亚细亚广阔的海域，有能力与威尼斯展开贸易竞争。在土耳其从事贸易活动的众多外国人中，杜布罗夫尼克人地位特殊，他们人数不多，但贸易额却很高，有力促进了国内经济的发展。该城市共和国手工业也较为发达，呢绒、贵金属首饰和皮革等有着广泛市场。此外，经济繁荣也促进了文化的繁荣，杜布罗夫尼克还以悠久的文化传统闻名于巴尔干半岛，赢得了"南部斯拉夫人的雅典"这个美誉。[①]

了解完杜布罗夫尼克的发展历程之后，让我们将视线转回克罗地亚。17世纪至18世纪初，克罗地亚人卷入了威尼斯和奥斯曼帝国之间的多场战事，主要集中在地中海东部、亚德里亚海东部和克罗地亚沿海城市。战争加速了奥斯曼帝国的没落，但土耳

---

① 于沛:《斯拉夫文明》，福建教育出版社2008年版，第314页。

其人不甘示弱。1683年，土耳其大举进攻维也纳，开启了一场持续十几年的战争——莫雷亚之战。匈牙利、克罗地亚、达尔马提亚都陷入了战争。尽管伴随战争而来的是混乱的局面，但斯拉沃尼亚和克罗地亚的大部分领土都逐步从奥斯曼的统治中得到解放。此后二十年内，奥匈帝国①的哈布斯堡王朝逐渐把奥斯曼帝国赶回到多瑙河—萨瓦河一带，这两条河最后成为克罗地亚的南部和东部边界。在奥斯曼帝国向西北推进时，一些信奉东正教的塞尔维亚族人也在邻近奥地利的边界地带定居，后来也没有离开。这一地带就是现在克罗地亚境内的塞族聚居地克拉伊纳。

长期的战争使哈布斯堡王朝和威尼斯筋疲力尽，因此双方都同意接受哈布斯堡的同盟国英国和荷兰的调停，签署了和平条约。和约帮助克罗地亚收复了过去二百年期间多次战争中失去的大部分土地，但是归克罗地亚议会和总督们管理的只有一部分地区，而被解放的南方地区则由威尼斯人管理。韦尔巴斯河与乌纳河之间的地区便没有得到解放。克罗地亚人对于这个结果并不满意。

1740年，奥地利首位女大公玛丽娅·特蕾莎（1740—1780年在位）登上王位。特蕾莎及其继任者约瑟夫二世开始在社会上许多领域内实行重大改革，对非德意志民族实行中央集权和日耳曼化政策，把奥地利、捷克、匈牙利和克罗地亚的土地合并成一

---

① 奥匈帝国于1867年重新建立。

个统一的国家。维也纳宫廷的专制制度改革也涉及克罗地亚的管理体制。特蕾莎不召集克罗地亚议会，而是以政府的命令代替议会的决议。她不顾克罗地亚贵族的反对，于 1767 年建立了经济、政治和军事王国委员会，作为克罗地亚的地方政府。原有的贵族议会处处受到排挤，甚至无法正常征收捐税和使用财政资金。由于克罗地亚贵族和匈牙利各阶层代表的不满，1779 年王国委员会被取消，而整个克罗地亚从属于匈牙利摄政会议管辖。里耶卡及其附近地区于 1776 年归还给克罗地亚，但是它的自治机构实际上仍然受匈牙利政府支配。也就是说，一方面，克罗地亚对国内事务的管理必须服从于匈牙利政府；另一方面，与匈牙利相邻的斯拉沃尼亚同克罗地亚的联系被削弱了。① 受制于匈牙利使克罗地亚处境艰难。

接下来，奥地利新大公约瑟夫二世（1764—1790 年任罗马国王）依然不断针对社会生活的每一个领域实施改革。国王有权委派各大区的执政官。原来克罗地亚和斯拉沃尼亚为选举匈牙利议会的代表设立的贵族议会被迫解散，贵族的自由也随之消失，从里耶卡至维诺多尔的克罗地亚海岸被从克罗地亚分离出去，变成了匈牙利海滨特区。克罗地亚领土再次不完整。

这一阶段的改革中，采用了重商主义经济政策，以优惠税收、提供贷款等方式支持建立工业企业，同时在国际竞争中以提

---

① 左娅:《克罗地亚》,社会科学文献出版社 2007 年版,第 57—58 页。

高关税的方式保护本国企业。① 1785 年，约瑟夫二世取消了克罗地亚和匈牙利的劳役制。农民不再占有耕地，而要向封建主交付一定数额的货币或实物，农民成为佃农。国王还颁布了关于语言的法令，德语成为所有国家机关的官方语言。

然而大刀阔斧的改革不一定带来预期的效果。在整个帝国，这些重大改革产生了严重后果。作为社会支柱的贵族阶级受到威胁，大部分都对改革持反对立场。克罗地亚的贵族大都保守，选择忠于匈牙利的旧法制。克罗地亚的贵族最初与匈牙利的贵族站在了统一的立场。他们打出了同匈牙利人是"宪法规定的友好兄弟"的口号。1790 年 5 月，克罗地亚议会采纳了关于加强同匈牙利联系的决定，而把克罗地亚的管理权转交给匈牙利摄政议会，克罗地亚贵族同意在克罗地亚学校中把匈牙利语列为非必修课程。

由于忌惮奥地利的中央集权化，克罗地亚的贵族想加强同匈牙利贵族的联系，但却被迫牺牲了克罗地亚部分的独立性。他们不得不向匈牙利议会承交军事税款，克罗地亚的行政当局还必须从属于匈牙利的政府。也就是说，克罗地亚大公失去了发布命令的权力，而这项权力落到了匈牙利摄政议会的手中。因此，克罗地亚和匈牙利实行了真正的合并，克罗地亚臣服于匈牙利贵族的

---

① 高歌：《为何"亚洲始于维也纳的门外"？——奥斯曼帝国入侵后的东欧国家之殇》，《人民论坛·学术前沿》，2014 年第 20 期，第 19 页。

意志，克罗地亚开始匈牙利化。

这一阶段中，克罗地亚在经济方面，尽管手工工场在 18 世纪有较大发展，矿山开采、铜铁冶炼、玻璃制造、造船等产业的生产力明显提高，但农业依然是主要的经济来源。农业生产的种类和技术等几乎没有什么改进，广大农民苦不堪言，生活状况不断恶化，反抗封建统治的斗争此起彼伏。

后来欧洲局势突变，1789 年法国大革命爆发，拿破仑（1769—1821）不断扩张，受到法国革命影响的波及，欧洲各君主国的统治者们同仇敌忾，一致反法，其中包括奥地利皇帝弗朗茨二世（1792—1806 年是罗马帝国皇帝，1804—1835 年是奥地利帝国皇帝）。法国皇帝和奥地利皇帝之间的矛盾从 1792 年延续到 1797 年。克罗地亚的边防居民不得不参加第一次奥法战争。1797 年 10 月，奥法签订了《坎波福米奥和约》，奥地利承认法国占领莱茵河左岸和比利时，作为补偿，奥地利得到了威尼斯及从伊斯特拉到博卡科托尔的克罗地亚沿海领地，史称"第一次奥地利占领"，时间从 1797 持续到 1805 年。杜布罗夫尼克未被占领。

1797 年威尼斯共和国灭亡。威尼斯和达尔马提亚都位于亚德里亚海沿岸，威尼斯也曾占领和控制达尔马提亚。深受威尼斯影响的达尔马提亚农民和底层群众发动了暴乱，尤其是在希贝尼克、特罗吉尔和斯普利特，暴乱发展为"达尔马提亚并入克罗地亚运动"。但奥地利拒绝同意合并。1805 年，在新一轮奥法战争中，奥地利战败，只得把西伊斯特拉、达尔马提亚、博卡科托尔出让给法国。1805 年底，法国皇帝拿破仑将达尔马提亚及沿海地区并入新建立的意大利王国，任命自己为国王，这是出于战略上的考虑。克罗地亚被分为三个区域：伊斯特拉、达尔马提亚（到内雷特瓦河）、杜布罗夫尼克和博卡科托尔地区。拿破仑根据法国立法精神，对克罗地亚进行了改革：取消了贵族特权；实行法律面前人人平等和纳税平等；促进教育发展，在很多城市开设了中学。1806 年，发行第一份克罗地亚报纸——《王国与达尔马提亚人》周刊，用意大利语和克罗地亚语印刷。这一阶段，克罗地亚经济高度繁荣，努力实现农业现代化，修建了多条公路。①

　　1809 年，奥地利和法国之间再次爆发战争。法国军队占领了整个伊斯特拉、萨瓦河右岸到乌纳河之间的克罗地亚地区，以及斯洛文尼亚的土地。拿破仑在这些占领区建立了伊利里亚行省。建立伊利里亚行省是出于多个目的：经济方面的目的是阻碍中欧和多瑙河流域同英国的商业联系，保障法国将棉花从萨洛尼卡经由波斯尼亚转运到欧洲纱纺厂的商业通道，为将来实行整顿东方的计划建立战略基础。政治上的目的是方便经常监视奥地利。伊利里亚各行省的中心是今天斯洛文尼亚的首都卢布尔雅那。1813 年，随着法国军队战败，伊利里亚行省被取消。虽然行省只存在了四年，但它极大地促进了克罗地亚人乃至所有南部斯拉夫人民族意识的发展。

---

① 左娅:《克罗地亚》,社会科学文献出版社 2007 年版,第 59—60 页。

1814 年后，法国撤离，克罗地亚又开始归匈牙利统治，但奥地利军队再度占领了亚德里亚沿海地区，史称"第二次奥地利占领"。许多意大利人迁移到了克罗地亚，随之而来的还有意大利的语言和文化。那时克罗地亚初等学校的一、二年级用意大利语和克罗地亚语教学，而其他年级只用意大利语。克罗地亚语书籍很少，大部分都是意大利语书籍。

在这一章中，我们看到，15 世纪到 19 世纪期间，匈牙利、奥斯曼、奥地利或轮番或同时对克罗地亚进行压制和管控，克罗地亚不但失去独立地位，而且丧失领土的完整。在此期间，威尼斯和法国也占领过克罗地亚部分地区。克罗地亚官方语言甚至也被更改。无怪乎克罗地亚人的民族意识开始觉醒了。

⚜ "上下求索" 民族复兴路

辗转多年，尽管克罗地亚脱离了法国的占领，但仍未实现统一，奥地利和匈牙利的影响还在。在克罗地亚议会的强烈要求下，萨瓦河流域地区于 1822 年回归克罗地亚政权。奥地利首相梅特涅反对克罗地亚统一，1815 年后他大力实施专制，出台一系列规定，比如规定公民必须交纳一定的捐税才能取得选举权和政治权利。他还建立了警察机关和情报部门，流放持自由思想的人，禁止有才干的人从事哲学、历史、自然科学研究。

在这样的局势下，克罗地亚面临许多艰巨的任务，不仅要统一克罗地亚领土，把等级国家改造成现代的公民国家，还要实现政治活动的组织化和制度化，废除封建主义。然而当时的政治家还没有能力完成这些任务，于是历史的重担落在了年轻一代身上。

　　革命往往伴随着文字的造势和保驾护航。受伊利里亚行省的启迪以及欧洲浪漫主义的影响，以路德维特·盖伊为首的克罗地亚青年为克罗地亚民族复兴事业奠定了基础。他从语言问题着手，1830 年发表了一篇重要文章，从而改革了克罗地亚文的拼写规则。伊万·德尔科斯也是克罗地亚文学语言建立过程中的关键人物之一。扬科·德拉什科维奇在 1832 年用民间方言写下了第一篇纲领性文章。其中提到的政治思想成为 1918 年以前克罗地亚人的指路灯塔，该文章倡导把克罗地亚、斯拉沃尼亚、达尔马提亚、里耶卡、波斯尼亚、斯洛文尼亚统一为一个国家，即大伊利里亚。伊利里亚主义、伊利里亚运动、克罗地亚主义都代表着克罗地亚民族的政治、文化运动，为克罗地亚民族统一，成为一个领土、政治和文化的共同体奠定了基础。克罗地亚的民族复兴具有政治和文化的性质。克罗地亚民族复兴的基础是相信克罗地亚仅仅是统一的南斯拉夫民族的一部分。在语言方面，这种民族复兴成功统一了克罗地亚人的文学语言。但是在政治方面，这并不是毫无弊端的，因为在南斯拉夫主义影响下，现代克罗地亚民族被同化了。[①]

　　与此同时，在外国的压制之下，克罗地亚的第一批克罗地亚政党诞生了，当然也出现了政党的对立局面。1841 年，出现了亲匈牙利的"克罗地亚—匈牙利党"，其成员对伊利里亚主义表示

―――――――――

① 　左娅:《克罗地亚》,社会科学文献出版社 2007 年版,第 61—63 页。

怀疑，执着于提升克罗地亚在和匈牙利的共同体中的自治地位。伊利里亚主义者也创建了自己的政党——伊利里亚党，即后来人民党的雏形，他们致力于为克罗地亚赢得统一。奥地利和匈牙利对克罗地亚民族复兴运动的兴起十分不满，因此奥地利皇帝斐迪南一世（1835—1848 年在位）1843 年禁止使用伊利里亚的名称以及星和半月的标志。然而事与愿违，该禁令并不能削弱民族运动，伊利里亚这个名称还是传扬到克罗地亚所有地区，成为民族的名称。

1848 年 3 月，克罗地亚总督（又称为"巴昂"）的职位刚好空缺，斐迪南皇帝任命屯边区上校军官约西普·耶拉契奇男爵（1801—1859）担任这个职位。但是他是纯粹的"伊利里亚分子"。他被任命为克罗地亚总督后随即在萨格勒布召开"三位一体"王国代表会议，来自克罗地亚、斯拉沃尼亚和达尔马提亚的代表纷纷参加。会议正式选举耶拉契奇为国家长官并通过一个权利宣言。他们要求统一克罗地亚各地区（克罗地亚、斯拉沃尼亚、达尔马提亚和里耶卡），废除阶层代表大会，按新的选举法选举新的议会，同时实行责任政府。这是一份民族、政治、文化和经济纲领，在当时有着重要意义。它让封建制的克罗地亚向现代时期的转变成为可能。这个国民议会向国王提出的改革建议涉及面广，其中包括承认其变更自治的体制，要求教会同意废除独身主义，并在主日敬拜中使用本国语。这些要求根本不可能全部实现，因为它既涉及匈牙利各县，也涉及奥地利各县，而且自从拿破仑战争以来，达尔马提亚便归奥地利管辖。有些要求甚至与罗马教廷的传统相违背。尽管如此，耶拉契奇召开这次会议的主要目的依然实现了，他的权威在一定程度上得到公众的认可，使奥地利宫廷相信克罗地亚确已决意要求自治。

约西普·耶拉契奇于 1801 年 10 月 16 日出生在克罗地亚彼得罗瓦拉丁，1859 年 5 月 19 日卒于萨格勒布附近，是克罗地亚政治家和将领，曾在奥地利帝国统治时期任克罗地亚总督（巴昂）。1848 年协助奥地利帝国镇压匈牙利民族主义者反抗帝国的起义。

耶拉契奇的父亲是克罗地亚人，母亲是奥地利人。他年轻时曾在奥地利担任军官，也曾在意大利和波斯尼亚服役。1848 年 3 月，民族主义者试图控制匈牙利，奥地利帝国政府提拔耶拉契奇为中将，任命他为克罗地亚总督和总司令。他立即占领了克罗地亚的主要港口里耶卡。克罗地亚议会宣布克罗地亚脱离匈牙利民族主义政府，同时向奥地利帝国政府表示支持。然而这种分裂主义遭到奥地利政府的谴责，耶拉契奇被免职。后来斐迪南皇帝恢复了他的职务，他率领帝国军队进入匈牙利。1848 年 10 月，匈牙利民族主义军队被击败。耶拉契奇于 1855 年被任命为伯爵，仍然是克罗地亚的总督。[1]

然而克罗地亚一直没有摆脱匈牙利的操控。早在 1827 年匈牙利议会就认定克罗地亚是匈牙利的附属国。这件事在克罗地亚

---

① 《不列颠百科全书》约西普·耶拉契奇伯爵（*Josip, Count Jelačić*）词条。https://www.britannica.com/biography/Josip-Count-Jelacic.

引起了争议，为争取与匈牙利的盟国地位，克罗地亚一直斗争到1848年。更有影响力的看法认为，克罗地亚同匈牙利是一种自愿同盟的关系，而匈牙利联席议会不能擅自决定改变这种联盟。对于通过使用匈牙利语实现匈牙利化的企图，克罗地亚贵族做出了让步，议会同意将匈牙利语作为学校必修课程。1844年匈牙利人又顺利通过了一项法令：从1853年起，克罗地亚代表在联席会议上必须讲匈牙利语。这样的要求很难让人心甘情愿地接受。

与此同时，克罗地亚可以借的"东风"吹起了。1848年欧洲革命兴起，耶拉契奇也借机中断了克罗地亚地方政权与匈牙利一切在公务上的联系，并向克罗地亚所有地区发布通告，规定在克罗地亚议会召开前，任何地方都不能听从匈牙利政府的命令，只准服从地方最高长官。这一通告意味着克罗地亚实际上中断了同匈牙利几百年的联系。而后举行了议会第一次会议，这是克罗地亚第一届选举产生的人民议会。会议决定授予耶拉契奇永久总督头衔。

耶拉契奇的做法让匈牙利人很不满，于是他前往维也纳，同匈牙利政府代表举行谈判，力求化解矛盾。遗憾的是，匈牙利政府代表不接受克罗地亚关于联邦制结构的建议，不承认克罗地亚的独立。耶拉契奇意识到用和平的方式无法解决问题，离开维也纳后便开始召集军队。克罗地亚终于走到了用武力反抗的这一步。1848年9月，克罗地亚向匈牙利政府宣战。耶拉契奇率军渡过德拉瓦河，他占领匈牙利的布达未果后，又挥师处于动乱之中的维也纳，协同奥地利军队指挥官温狄什格雷茨于 1848 年 11 月 1 日占领了维也纳。胜利并未持续太久，次年春，匈牙利人转而采取攻势。奥地利皇帝弗朗茨·约瑟夫一世（1848—1916 年在位）任命耶拉契奇为里耶卡和达尔马提亚省长，这样耶拉契奇得以在名义上暂时管理这些地区。这只能说是安抚性的决定，但实际上克罗地亚没能实现统一。

约瑟夫一世颁布了新宪法，依据这项新宪法，奥地利帝国转变成了中央集权的国家。各个省都成了奥地利的皇室领地。达尔马提亚、斯拉沃尼亚也是皇室领地，中央政权则设在维也纳。宪法规定所有民族享有平等地位，承认他们的语言和民族权利，承认克罗地亚是特殊国家，但是实际上克罗地亚依然没有实现统一。

新宪法取消了封建主义，农民成为土地所有者。讽刺的是，皇族在 1851 年取消了该宪法，代之以新的专制制度，称为"巴赫专制制度"。新制度将官僚机构高度集中在政府手中。这种政治制度的基本特点是，废除过时的司法机构，通过政治上的中央集权制建立一个奥地利新社会，同时避免各个民族建立独立的社会或者单一的南斯拉夫社会。国家严格实行中央集权制，但是行政上划分为各省，每个省都设立自己的地方政府。教会变成了这种制度的支柱之一。一年后，克罗地亚的教会从匈牙利的教会中分离出来，萨格勒布主教获得了大主教的称号。

巴赫专政时期，克罗地亚由"王国摄政"代替政府，议会会议被迫取消。国家机关的官方语言改为德语，掌握政权的是德意志人、捷克人、斯洛文尼亚人。专制制度维持了几年之后解体。

1860年，奥地利皇帝约瑟夫一世在维也纳召开会议，探讨国家君主制度的建设问题，通过了"十月公告"，决定建立一个联邦制国家，成立一个中央议会，并恢复宪法。在克罗地亚，抗争没有停止，此时的总督绍克切维奇召集55人参加总督代表大会。会上要求在行政事务方面使用民族语言，在维也纳设克罗地亚的专门办事机构，还要求将达尔马提亚、克瓦内尔群岛以及伊斯特拉的三个县划归克罗地亚。皇帝批准克罗地亚语为官方语言，成立克罗地亚临时管理机构，并在萨格勒布建立了克罗地亚最高法院，所以克罗地亚在司法上独立于匈牙利。这样，克罗地亚独立的道路前进了些许。①

1867年，奥地利和匈牙利缔结协定，规定奥匈帝国由单一的国家改组为二元君主国。国内统治者民族由一个改为两个，也就是由两个民族寡头政治集团建立政府。国家的领土一分为二。这样的决定再一次让克罗地亚沦为案板上的鱼肉。在这种大瓜分的过程中，克罗地亚被奥地利和匈牙利分割，克罗地亚和斯拉沃尼亚归属匈牙利，达尔马提亚和伊斯特拉归属奥地利。两部分各自都设立了独立的行政机构。1868年9月，克罗地亚议会代表团同

---

① 左娅:《克罗地亚》,社会科学文献出版社2007年版,第64—66页。

匈牙利议会代表团签署了克罗地亚—匈牙利协议。这项协议实际上取消了先前将克罗地亚从匈牙利分离出来的决定。协议规定，它们在形式上组成单一的国家，立一个君主，设一个共同的民族代表机构，一切经济和财政事务以及铁路均由双方共管。这方面的工作由设立在佩斯的共管部负责管理，同时在克罗地亚设立专门的分支机构。每十年应当缔结一次财政协定。匈牙利政府还借助共同的税收政策，长期侵吞克罗地亚的大部分税收。协议规定，克罗地亚拥有一定的自治权，承认克罗地亚是一个"政治国家"，其人民有权派代表出席萨格勒布的议会，再由议会派遣四十名代表出席匈牙利联席议会。允许克罗地亚单独处理自己的内部事务。克罗地亚语终于再次被认可为国家正式语言。但是奥皇将里耶卡割让给匈牙利，匈牙利狡猾地把对里耶卡实行的暂时管理权解释为永久的占领。①

克罗地亚民众理所当然对克罗地亚—匈牙利协议十分不满，原因有二：一是因为里耶卡问题，二是克罗地亚没能获得对所有事务的管理权。在实施协议的前五年中，萨格勒布时常出现骚动，驻扎于古老屯边区的克罗地亚部队于 1871 年 10 月哗变。1873 年，匈牙利政府出于安抚的目的做出让步，同意任命一个克罗地亚人为总督，他就是杰出学者和诗人伊万·马朱兰尼奇。

马朱兰尼奇任职期间，没有强迫推行匈牙利化。但是由于下

---

① 左娅：《克罗地亚》，社会科学文献出版社 2007 年版，第 67 页。

级官员处置失当，以及沉重的赋税和不公的选举使人民普遍不满，1883 年萨格勒布又爆发了一场骚动。起因是匈牙利人公开在萨格勒布财政机构门前悬挂写有匈牙利语和克罗地亚语的招牌，但双方的协议明确规定克罗地亚语是官方语言。匈牙利的做法迅速激化了克罗地亚人的不满情绪，因此才爆发了反对匈牙利运动。动乱扩散到了农村，农民早已不堪捐税负担和农产品价格过低，发动了骚乱。

匈牙利害怕"星星之火"在其他民族中引起连锁反应，形成"燎原之势"，再次以雷霆手段采取了一系列措施，如派军队武力镇压、暂停实施宪法、免除马朱兰尼奇的总督职位，由匈牙利人库恩–赫德瓦利·卡罗伊伯爵代之等。在此后的二十年中，库恩–赫德瓦利·卡罗伊借助于铁腕手段治理克罗地亚，促进了克罗地亚的物质财富的增长，使克罗地亚获得数量可观的农产品，为克罗地亚建了一批学校，修建了公路铁路。同时也掌控匈牙利喉舌，使克罗地亚的文学和艺术方面的爱国活动跟新闻领域一样遭到钳制。库恩–赫德瓦利·卡罗伊擅长"离间"，他巧妙地鼓动塞尔维亚少数民族反对歧视他们的克罗地亚人，同时引导克罗地亚人把民族敌视的矛头对准塞尔维亚人，而不是统治他们的匈牙利人。

值得庆幸的是，克罗地亚民族复兴的萌芽终于再次崭露头角。在达尔马提亚，逐渐掀起的民族复兴运动新浪潮，促进了专制制度的瓦解。复兴运动的主要倡导者是克罗地亚人民党，人民党致力于在社会上确立克罗地亚语的地位以及统一克罗地亚。民族复兴显而易见是围绕着语言问题和民族文化展开的。也正是在这时，达尔马提亚与克罗地亚联合的问题再次被提出来。在这个问题上，达尔马提亚的中产阶级知识分子分裂成为两派，一派主张达尔马提亚在帝国内享有自治权，而另一派主张达尔马提亚与克罗地亚联合。1844年《达尔马提亚之声报》的发行标志着民族复兴运动开始。伊斯特拉也着手开展民族复兴运动，当地的克罗地亚人与斯洛文尼亚的克罗地亚人建立起联系，他们的目标是在机关、学校和司法部门让克罗地亚语获得同意大利语同等的地位，因为伊斯特拉曾长期受到意大利人的控制，意大利语的地位高于克罗地亚语。伊斯特拉还开设了阅览室、学校和文化协会。

克罗地亚与斯洛文尼亚联系变得紧密，不过和塞尔维亚却是分分合合。1870年以前，克罗地亚人民党和达尔马提亚人民党是克罗地亚人和塞尔维亚人的共同组织。在19世纪80年代，塞尔维亚人在克罗地亚本土占总人口数量的26%，而在达尔马提亚占17%。1870年至1880年这十年间，两个党派中的塞尔维亚人和克罗地亚人逐渐分道扬镳。塞尔维亚人力图建立自己的政党，为塞尔维亚民族的权力进行斗争，然而在政治上，他们往往屈服于统治阶级。1887年，克罗地亚的塞尔维亚民族自治党应运而生，它的纲领是保卫塞尔维亚的民族个性，争取塞尔维亚人与克罗地亚人的平等。他们要求所有官方的文件都要尊重塞尔维亚族的名称和语言，要求开办塞尔维亚自治学校，尊重塞尔维亚人信仰的东正教，东正教和克罗地亚人信仰的天主教信仰平等。1880 年，达尔马提亚的塞尔维亚人退出人民党，并组建了自己的塞尔维亚人民党，他们提出达尔马提亚是塞尔维亚的土地，不应该并入克罗地亚。克罗地亚人针锋相对，要求塞尔维亚人承认克罗地亚这一名称是民族国家的名称，除了黑山和东斯拉沃尼亚外，其他土地均属于克罗地亚。克罗地亚还考虑了建立南斯拉夫国家的问题，克罗地亚人认为不能允许塞尔维亚在其中拥有主导权，所谓共同国家应该是类似于瑞士和美国的联邦政治结构。

20 世纪初，克罗地亚的资产阶级团体和塞尔维亚的政治团体开始相互接近，目的是要同匈牙利合作，一起对付奥地利的威胁。因此，克罗地亚和达尔马提亚的一批政界人士开展聚会，弗拉诺·苏皮洛主持了会议。会上，四十位克罗地亚代表签署了里耶卡决议，要求克罗地亚各地实现统一，要求享有充分的民主自由。该决议的目的是在哈布斯堡君主国内恢复古老的克罗地亚、达尔马提亚和斯拉沃尼亚王国。苏皮洛是一位坚定的南斯拉夫主义倡导者，他成功号召来自达尔马提亚和克罗地亚的塞尔维亚政治家们在扎达尔集会。通过了《扎达尔宣言》："克罗地亚人和塞尔维亚人在血统和语言上同属一个民族。"达尔马提亚、克罗地亚和斯拉沃尼亚终于联合。会后建立了克罗地亚—塞尔维亚联盟。到了 1908 年，该联盟的政治影响已经很大，在萨格勒布议会选举中占有明显的多数优势。于是奥地利和匈牙利有了危机意识，决定采取专制政策。

　　然而克罗地亚—塞尔维亚联盟虽然成立了，但并不稳固。
1912 年 1 月，议会宣布解散。这标志着奥地利开始在克罗地亚实
行公开的专制主义。报纸被查禁，萨格勒布爆发了示威游行。之
后还发生了学生罢课。为了破坏克罗地亚人和塞尔维亚人的团
结，奥地利重新提出了三元主义的口号，想建立一个以克罗地亚
为首的奥匈帝国第三个联邦单位，由克罗地亚把其他所有南部斯
拉夫人团结在自己周围。以约瑟普·弗兰克为首的一部分克罗地
亚资产阶级接受了这一计划。①

　　在这一章中，我们看到克罗地亚依然不断受到奥地利和匈牙
利的专制统治，依然是奥匈两国的附庸，无法决定自己的命运。
值得庆幸的是，克罗地亚不断进行反抗，无论是通过政治手段，
还是动用军事力量。克罗地亚开始和斯洛文尼亚靠拢，也曾暂且
放下与塞尔维亚的不同。未来，克罗地亚和邻居们要同仇敌
忾了。

---

　　① 　左娅:《克罗地亚》,社会科学文献出版社 2007 年版,第 69—71 页。

"一切未获得自由的兄弟"决定联合

历史的车轮从不停歇，多事之秋终于来临了。1914年6月28日，奥地利皇储斐迪南大公在波斯尼亚和黑塞哥维那首府萨拉热窝被塞尔维亚民族主义者刺杀身亡，这一事件成为第一次世界大战的导火索。1914年12月7日，第一次世界大战爆发之后不久，塞尔维亚政府发表《尼什宣言》，公开了他们在战争中要达到的目标：保卫塞尔维亚斗争起初就是"解放和联合我们的一切未获得自由的兄弟——塞尔维亚人—克罗地亚人—斯洛文尼亚人的斗争"。[①] 1915年5月，苏皮洛与安特·特鲁姆比奇一起建立了一个南斯拉夫人委员会，准备把塞尔维亚人、克罗地亚人、斯洛文

---

① 引自左娅:《克罗地亚》,社会科学文献出版社2007年版,第71页。

尼亚和黑山人团结在一个南部斯拉夫人的国家之中。另一边,帝国主义列强为了战争的需要,任意切割塞尔维亚的领土,完全不顾当地居民的利益和意愿。1915 年 10 月,奥匈军队发起进攻,占领了贝尔格莱德。

1917 年 5 月,达尔马提亚和伊斯特拉的代表在维也纳议会里建议通过一项决议,要求在哈布斯堡君主的统治下实现克罗地亚人和斯洛文尼亚人的统一,建立一个与匈牙利平起平坐的新国家共同体。两个月后,南斯拉夫人委员会达成《科学协定》,规定塞尔维亚人、克罗地亚人和斯洛文尼亚人在塞尔维亚卡拉乔尔杰王朝①的统治下联合起来,强调新国家将是一个"民主的议会制君主国,享有语言和宗教信仰方面的种种保障",将会"按照民族、社会、经济等条件实行地方自治"。但这个协定并不完善,各地区之间以及与中央政府之间的确切关系则悬而未决。由于委员会及其主席都不具备任何法律地位,依照国家法,《科学协定》在法律上并没有约束力。

虽然《科学协定》不尽如人意,但达尔马提亚政党代表没有停止脚步。1918 年 7 月,他们在斯普利特通过一项决议,创建统一的"人民组织",达尔马提亚政治家的行动还得到了斯洛文尼亚的响应。同年 8 月,六个斯洛文尼亚政党成立了"斯洛文尼亚和伊斯特拉人民世界",其目标是建立新的南斯拉夫国家。随后,

---

① 得名于 19 世纪初塞尔维亚农民起义领袖卡拉乔尔杰。

四个克罗地亚政党也参加了达尔马提亚"人民组织"和"斯洛文尼亚和伊斯特拉人民世界"的活动。这些组织的代表于 1918 年 10 月 29 日在克罗地亚议会宣布自己为奥匈帝国境内南部斯拉夫人新的最高国家行政机构，也就是中断了同哈布斯堡君主国的一切联系。同时，该委员会宣布将建立一个南部斯拉夫人的新国家，称为"塞尔维亚人—克罗地亚人—斯洛文尼亚人王国"。新国家成立后便马上宣布退出第一次世界大战。

针对如何建立新的南斯拉夫国家，克罗地亚政治家主张建立民主的联邦制国家，而塞尔维亚方面要求建立非民主的中央集权式国家。1918 年 11 月，南斯拉夫委员会、斯洛文尼亚人、克罗地亚人和塞尔维亚人国民委员会、塞尔维亚反对派以及塞尔维亚政府代表参加了日内瓦会议。会议通过一项宣言，决定将建立一个不可分割的国家实体，一个塞尔维亚人、克罗地亚人和斯洛文尼亚人的国家。日内瓦协定实际上规定了一个二元国家，负责共同事务的新政府中一半的成员将由塞尔维亚王国政府确定，而另一半则由国民委员会政府确定。这就意味着新政府的一半成员将向塞尔维亚国王宣誓，而另一半将向国民委员会宣誓。

1918 年年底，农民动乱席卷整个克罗地亚，意大利军队又不断从西部挺进，国民委员会迫于形势要求塞尔维亚军队提供援助。1918 年 11 月 24 日，国民委员会通过了一项决定，在前奥匈帝国的整个南斯拉夫地区建立的斯洛文尼亚人、克罗地亚人和塞尔维亚人国，与塞尔维亚王国和黑山联合成一个塞尔维亚人、克罗地亚人和斯洛文尼亚人统一国家。一周后，塞尔维亚摄政王亚历山大接见了来自萨格勒布的代表团，宣布正式成立以卡拉乔尔杰王朝为首的"塞尔维亚人—克罗地亚人—斯洛文尼亚人王国"。①

然而新的问题产生了。"塞尔维亚人—克罗地亚人—斯洛文尼亚人王国"被控制在塞尔维亚激进党手中，所有民族都由贝尔格莱德直接统治。在国家结构上，以中央集权的单一制替代联邦制。经济政策上，大力扶植塞尔维亚资产阶级，势力较强的克罗地亚资产阶级遭到歧视和排挤。在宗教政策方面，明显偏袒东正教会，引起了克罗地亚天主教会的不满。在官员任命上，重要职务都由塞尔维亚人担任，在南斯拉夫实行君主专制的二十三年期间，只有五个月是由一个非塞尔维亚人担任政府首脑。同样，塞尔维亚人始终担任陆军与海军大臣，1919年后，外交大臣也一直由塞尔维亚人把持。重要职位的外交官员和高级军事指挥官都只任命塞尔维亚人。克罗地亚人、斯洛文尼亚人和波斯尼亚的穆斯林即使曾参加各届政府，也难以在较重要的部门任职。

雪上加霜的是，1921年6月28日通过新宪法，宪法规定国家实行中央集权体制，实质上就是不承认南斯拉夫存在不同民族，仅仅承认各个种族之间存在差别。克罗地亚人和斯洛文尼亚人曾力争实行联邦制，他们拒不投票支持这部新宪法，继续要求实行分权制。对中央集权制一贯持批评态度的斯捷潘·拉迪奇，

---

① 左娅：《克罗地亚》，社会科学文献出版社2007年版，第72—74页。

于 1920 年建立了克罗地亚共和农民党，其队伍在接下来的三年中不断壮大。但是由于反动当局暗中策划恐怖活动，拉迪奇被迫流亡国外。1924 年，他在莫斯科参加了农民国际。回国后，他遭到逮捕并受到审讯，最后在威逼利诱下不得不宣布退出农民国际，同时决定从党的名称中去掉"共和"二字。

党名虽然变了，但是克罗地亚农民党依然在发挥作用，在 1925 年的选举中成为克罗地亚最强大的党。1927 年，该党与独立民主党联合成为农民民主联盟。克罗地亚共和国农民党认为，南斯拉夫应当成为一个联邦制国家，包括塞尔维亚、克罗地亚和斯洛文尼亚三个民族。拉迪奇坚持共和制纲领，不断向各种国际会议发出备忘录，要求让克罗地亚人民享有自治权。

相反，摄政王亚历山大（1918—1934 年为在位国王）不同意克罗地亚人自治，相信用独裁和镇压可以解决一切难题。1929 年 1 月 6 日，他发动政变，宣布废除 1921 年的《塞尔维亚人—克罗地亚人—斯洛文尼亚人王国宪法》，解散国民议会，取消所有政党。他把资产阶级民主的痕迹抹得一干二净，实行个人独裁统治。他一意孤行地任命了新政府，并宣布新政府只对他负责。亚历山大根据 1929 年 10 月 3 日的《国家名称和行政区域划分法》，确认国家不再称为塞尔维亚人—克罗地亚人—斯洛文尼亚人王国，而是更名为南斯拉夫王国。它划分为九个总督辖区，其中六个在划分边界时都设法使塞尔维亚人成为多数。军队里所有塞尔维亚军旗也换成了新的南斯拉夫旗帜。①

另一方面，20 世纪 30 年代初的经济大萧条也冲击了南斯拉夫。1930 年至 1932 年，农产品价格越跌越低，靠土地为生的人们失去了消费工业品产品的能力，使得工业崩溃，城市地区出现大量失业人口。在经济危机严重的情况下，亚历山大国王于 1931 年 9 月 3 日颁布新宪法，宣布南斯拉夫只有一个民族。这部宪法实际上使单一民族政府合法化。1932 年 12 月 7 日，克罗地亚农民民主联盟的代表在萨格勒布开会，发表了谴责亚历山大独裁统治的声明。

独裁政权引起克罗地亚人民的强烈不满，克罗地亚权力党主席安特·帕韦利奇先是前往奥地利，随后又前往匈牙利和意大利，争取物质上和政治上的援助，计划要瓦解南斯拉夫，建立独立的克罗地亚国家。帕韦利奇认为，通过谈判难以达成目的，只能依靠武装斗争。于是克罗地亚护国军在 1928 年诞生了。随后改名为乌斯塔沙—克罗地亚革命组织，其成员被称为乌斯塔沙，意思是"起义者"。他们的行动旨在解放克罗地亚，建立独立的克罗地亚国家。为逃避当局的镇压，很多乌斯塔沙前往匈牙利、奥地利、德国、意大利、比利时继续他们的政治活动。

1934 年 10 月 9 日，亚历山大国王在法国马赛被乌斯塔沙分子刺死。亚历山大死后，年幼的佩塔尔二世成为王国继承人，同

---

① 左娅:《克罗地亚》,社会科学文献出版社 2007 年版,第 76 页。

时成立了以帕夫莱亲王为首的摄政委员会。

之后弗拉特科·马切克任克罗地亚农民党主席，马切克也是这一时期克罗地亚最受爱戴的政治家和克罗地亚人民真正的代表。1936 年 12 月，帕夫莱亲王与马切克进行谈判，双方在表面上都同意通过实现联邦制来解决克罗地亚问题，避免南斯拉夫遭到肢解，但在实施的方法和步骤上双方有很大的分歧。1939 年 8 月 27 日，经过长期协商，南斯拉夫首相德拉吉沙·茨韦特科维奇同马切克达成了建立克罗地亚辖区的协议，由马切克出任副首相。[①]

与其他辖区不同的是，克罗地亚辖区拥有自治权，有自己的省长和议会，享有立法、行政和司法权力。新的体制结构跟二元君主国时期的旧克罗地亚—斯拉沃尼亚极为相似。然而，克罗地亚人和大多数塞尔维亚人都不满意该协议条款，因为克罗地亚人只有有限的自主权，国内其他民族仍处于无权的状态。所以实际上这一协议意味着南斯拉夫被划分为塞尔维亚资产阶级和克罗地亚资产阶级的利益范围。虽然茨韦特科维奇和马切克都曾保证说，最终将把联邦的原则扩大到整个王国，但此后的十一个月里进展缓慢。在克罗地亚，对工人阶级和劳动群众的恐怖统治大大加强了，强调阶级性的工会遭到查禁，工会的许多领导人被送进集中营。

---

① 左娅:《克罗地亚》,社会科学文献出版社 2007 年版,第 77—78 页。

南斯拉夫王国实行了强硬的政治政策，但在 1918 年成立之时，只是实现了国际法表面意义上的独立，在经济方面仍然是受外国统治的半殖民地。从 1918 年到 1941 年，南斯拉夫社会现代化的过程发展缓慢。对比整个欧洲的发展状况，南斯拉夫国是一个社会经济落后的国家。他们受其他大国统治的时间太久，花了许多年才走出封建制度，在农业发展上尤为明显，最终导致资本主义的发展也步履蹒跚。两次世界大战期间，南斯拉夫和欧洲经济发达的地区之间的差距愈发明显，这对南斯拉夫来说极为不利。有一段时间，世界的工业化速度的平均数是每年 3%，而南斯拉夫稍高于 2%。南斯拉夫人的剩余劳动以利润或超额利润的形式，流向各个工业化国家。

当时的统治集团能力不足，对于很多问题都缺乏明确的主张，比如国家现代化和工业化，还有人口从农村迁至城市这样的城市化过程以及这种现象所带来的影响。偶尔有人提出建议，也多半是倒退的。南斯拉夫亚历山大国王的档案里有一份 1930 年制定的关于改组南斯拉夫经济的报告提出："在合作社的基础上，发展农业和家庭副业，反对发展工业和外贸，主张实行完全的农业孤立主义。"这样的主张很难带领国家将经济发展起来。①

在经济事务方面，南斯拉夫王国的社会上层人士很大程度上并没有独立自主权，他们总是受制于外国资本。外国资本不想看

---

① ［南斯拉夫］伊万·博日奇等:《南斯拉夫史》，商务印书馆 1984 年版，第 588—589 页。

到南斯拉夫实现工业化，而是打算让南斯拉夫提供初级原料、半成品和大批廉价劳动力。也就是说此时的南斯拉夫不能主宰自己的命运。在某些受外国资本家控制的领域，南斯拉夫甚至存在"由半殖民地沦为纯殖民地"的趋势。这些原因都让南斯拉夫统治集团无法制订出工业化计划，他们的角色反而像买办，让本国经济像提线木偶一样，处于外国资本附庸和工具的地位。①

南斯拉夫的外债也让国家不堪重负。南斯拉夫和法国在 1930年 1 月 20 日签订过协定，为了给 1914 年到 1918 年的战争提供装备，以现金和物资的形式向法国借债。这一协定认定的债款高达102 400 万法郎，还款期限是三十七年。此外，南斯拉夫欠英国的战争债款为 2 500 多万英镑，欠美国约 6 300 万美元。南斯拉夫甚至被迫承担奥匈帝国战前的一部分债务。欠款的利息总额也水涨船高。1929 年经济危机在世界范围内大面积爆发，由于财政上的困难，南斯拉夫 1932 年宣布暂缓偿款。在两次世界大战期间，南斯拉夫在欧洲欠债的数额仅次于希腊。1925 年的债款是 250 亿第纳尔，1932 年达 390 亿第纳尔，不包括短期借款和地方借款。1937 年，国家的外债达到了 450 亿第纳尔。② 可见南斯拉夫已经处于水深火热之中了。

---

① ［南斯拉夫］伊万·博日奇等:《南斯拉夫史》,商务印书馆 1984 年版,第 591 页。

② ［南斯拉夫］伊万·博日奇等:《南斯拉夫史》,商务印书馆 1984 年版,第 592—594 页。

　　这一章的内容提到，第一次世界大战爆发后，克罗地亚、斯洛文尼亚和塞尔维亚联合起来建立了南斯拉夫王国。但是不同民族间摩擦不断，塞尔维亚享有的各项政治权力明显高于其他民族。经济上，由于战争的爆发、被殖民的历史和世界经济危机，南斯拉夫经济落后，负债累累，国家状况十分低迷。

⚜ 磨难之后姗姗来迟的共和国

　　一战之后，和平并未长久维持。1939 年 9 月 1 日，第二次世界大战在欧洲爆发。1941 年 3 月 25 日，南斯拉夫政府签署加入德意日三国同盟，全国许多地方爆发了抗议的示威游行。军官团中的一部分人也对政府奉行亲轴心国政策和签署三国条约感到不满。杜尚·西莫维奇在部分军官的帮助下，于 3 月 27 日凌晨发动政变。王位继承人佩塔尔成为国王，摄政委员会和茨韦特科维奇—马切克政府被推翻。

　　希特勒获悉南斯拉夫发生政变后，下令消灭整个南斯拉夫。1941 年 4 月 6 日，德国的轰炸机袭击了南斯拉夫。第二天，德军主力部队第二军团从匈牙利平原进入克罗地亚，从南奥地利进入斯洛文尼亚。经过为期不满一周的战役，入侵南斯拉夫的各个纵队在贝尔格莱德会师。4月13日，德国人正式接管贝尔格莱德。几天后，南斯拉夫签订停火协议。统一不到二十三年的南斯拉夫被德国、意大利、匈牙利、保加利亚瓜分。

克罗地亚人民一直渴望建立自己的国家，享有充分的自由。希特勒和墨索里尼利用这一点，谋划在南斯拉夫土地上建立起服从他们政治需要的政权，于是想到建立克罗地亚独立国这个办法。鉴于克罗地亚农民党主席马切克在克罗地亚很有威望，德国人认为应该让他做克罗地亚傀儡政权的首脑，但马切克拒绝了这一职位。意大利人看中的人选是乌斯塔沙运动首领帕韦利奇。

1941年4月10日，德军进入萨格勒布后，乌斯塔沙运动头目之一斯拉夫科·克瓦特尔尼克宣布，克罗地亚独立国成立。马切克号召克罗地亚人民服从新政权，号召克罗地亚农民党全体党员同新政权合作。德国和意大利当然迅速承认了这个新国家。事实上，克罗地亚独立国是一个法西斯傀儡国家，版图涵盖克罗地亚、斯拉沃尼亚、斯雷姆、达尔马提亚的一部分以及波黑。面积102 725平方公里，人口664万，首都设在萨格勒布。[①]

克罗地亚独立国成立后，立即开始政权的建立工作。帕韦利奇在墨索里尼的授意下，几日后从意大利回到萨格勒布，成立了政府，他本人任首相兼外长。一个月后，墨索里尼迫使帕韦利奇签订条约，同意让克罗地亚独立国成为意大利的保护国。还要把

---

① 左娅:《克罗地亚》，社会科学文献出版社2007年版，第79—80页。

克罗地亚沿海地区、达尔马提亚从扎达尔到斯普利特的部分地区以及赫瓦尔、布拉奇和帕格三岛以外的全部岛屿全部割让给意大利。克罗地亚独立国将不建立海军，并允许意大利军队越过达尔马提亚的中立地区。克罗地亚还必须接受意大利对未兼并的克罗地亚领土的军事、外交、政治、经济进行监控。所以克罗地亚独立国这个傀儡国的本质是毋庸置疑的。

乌斯塔沙政权是帕韦利奇按照法西斯模式塑造的独裁政权，屠杀塞尔维亚人和犹太人，强迫东正教徒改信天主教，禁用基里尔字母印刷书籍，宣布塞尔维亚人、犹太人和吉卜赛人不受法律保护，犯下了难以饶恕的罪行。除了"乌斯塔沙—克罗地亚解放运动"，一切政党都被取缔。1941 年 12 月起再也没有召开过议会会议。持不同政见者都被关押起来，包括马切克。乌斯塔沙分子极端残暴和腐败，帕韦利奇也不得人心，所以人民发起了抵抗运动。

德国、意大利等国的军队入侵南斯拉夫后，战前的南斯拉夫政府和国王都逃亡到国外，占领者企图通过恐怖政策实行对南斯拉夫的统治。他们建立集中营，进行大规模流放，残酷迫害南斯拉夫各族人民和共产党，扶植卖国政府。南斯拉夫共产党前身是1919 年成立的南斯拉夫社会主义工人党，此时已经成为反抗侵略的主力。1941 年 5 月，南斯拉夫共产党宣布，共产党是唯一领导南斯拉夫人民进行民族解放斗争的政治力量，并成立南斯拉夫人民解放游击队最高司令部，鼎鼎大名的约瑟普·布罗兹·铁托被任命为统帅。南斯拉夫游击队的抵抗运动 1941 年 7 月 7 日始于塞尔维亚，星星之火很快形成燎原之势，游击队的抵抗运动月底便发展到黑山、斯洛文尼亚、克罗地亚和波斯尼亚。

克罗地亚共产党是在第二次世界大战之前的几年加入了以铁托为首的南斯拉夫共产党。除共产党以外，克罗地亚还有其他反法西斯组织，比如妇女反法西斯阵线、克罗地亚统一民族解放阵线、克罗地亚青年反法西斯同盟等。1941 年 6 月 22 日，克罗地亚反法西斯者在欧洲组建了第一支反法西斯军队——锡萨克游击队。这一天后来被定为克罗地亚共和国反法西斯战争日。① 南斯拉夫王国流亡政府派遣的游击队"切特尼克"也是一支抗击德军的队伍，切特尼克在塞尔维亚语中意为"连"，是一个军事单位。

但是游击队成立并不意味着起义会在克罗地亚进行得如火如荼。起义开始时，克岁地亚的政治局势很复杂。在达尔马提亚、克罗地亚沿海地区、戈尔斯基科塔尔以及意大利占领下的克罗地亚地区，起义马上就开始了，但在克罗地亚其他地区，起义却发展缓慢。克罗地亚农民对于旧南斯拉夫政权感到失望，在天主教僧侣和马切克的影响下，乌斯塔沙分子领导的克罗地亚独立国刚成立之时，克罗地亚农民曾对这个新政权抱有一定的幻想。这可能是当时克罗地亚一些地区没有起义的原因。

另一方面，南斯拉夫共产党的目的是建立以苏联为模式的、

---

① 左娅:《克罗地亚》,社会科学文献出版社 2007 年版,第 80—81 页。

社会主义性质的新南斯拉夫国家，还相应地成立了南斯拉夫人民解放委员会。1942 年 11 月 26 日，南斯拉夫人民解放委员会在比哈奇召开一次会议，这是一次力图推翻法西斯统治、谋求南斯拉夫民族解放的会议。一年后，在亚伊策召开了委员会的第二次会议。会议确认南斯拉夫人民解放委员会为南斯拉夫立法和执行代表机构，也是全南斯拉夫人民和国家的最高代表。战后的南斯拉夫将是一个"确保塞尔维亚、克罗地亚、斯洛文尼亚、马其顿、波斯尼亚和黑塞哥维那各民族完全平等的联邦"。根据斯洛文尼亚代表的提议，亚伊策代表大会正式授予铁托"南斯拉夫陆军元帅"的军衔。

1942 年底，南斯拉夫解放斗争风起云涌，希特勒因此坐立难安。10 月，他在乌克兰的文尼察，也就是他的大本营，同克罗地亚独立国头子帕韦利奇和德国第十二集团军司令亚历山大·莱尔举行了会谈。希特勒很担心克罗地亚独立国的形势，他强调只有消灭克罗地亚国境内的以及被意大利人占领的土地上的全部武装力量，克罗地亚国的困境才能从根本上得到改善。希特勒还说，克罗地亚独立国既没有起到德国原料基地的作用，也没有起到向德国战时经济提供劳动力的作用。如果采取果断的军事行动，便可以消灭克罗地亚独立国境内的游击队，德军的负担就会减轻，可以派到其他战场。

1943 年 3 月 6 日晚，游击队强渡克罗地亚内雷特瓦河。一批达尔马提亚人徒手攀登被炸毁的亚布兰尼察大桥，用牙齿咬住已经松开盖的手榴弹，成功消灭了切特尼克的地堡。此时切特尼克这个原本抗击德军的队伍已经开始与德军同流合污。游击队也牵制住了内雷特瓦河以北的德国人，控制了内雷特瓦河。斯洛文尼亚和克罗地亚几个旅开始向萨格勒布—卢布尔雅那铁路发动进攻，牵制住意大利四个师的兵力和德军的一个团。1943 年春，克罗地亚大部分地区已经被抵抗运动组织控制。

1943 年 5 月至 6 月的苏捷斯卡战役是一次转折点，也是一场惨烈的战役。① 据战后缴获的德国和意大利军事文件记录，德军和意军在皮瓦河和苏捷斯卡河杀死了一千三百名游击队伤员。游击队在苏捷斯卡战役中总共牺牲六千多人，据统计，主力作战集群超过百分之三十的战士在苏捷斯卡战役中丧生。两百名护士和三十名医生在这场战役中牺牲，占当时中央医院技术干部的一半。②

1943 年 6 月 13 日、14 日，克罗地亚反法西斯人民解放委员会召开第一次会议，会议讨论了关于在南斯拉夫建立一切民族平等共同体的问题，认为每个民族都应有自己的民族国家。1943 年 9 月意大利投降后，处于意大利统治下的伊斯特拉爆发了群众起义。伊斯特拉人民解放委员会于 9 月中旬宣布，伊斯特拉地区将并入自由南斯拉夫的克罗地亚。1945 年 4 月 14 日，克罗地亚民

---

① 苏捷斯卡河在波黑境内。

② [南斯拉夫]伊万·博日奇等:《南斯拉夫史》,商务印书馆 1984 年版,第 749 页。

族政府成立，大部分成员是共产党人，有四名克罗地亚农民党党员。1945 年 5 月 8 日，游击队进入萨格勒布，宣布克罗地亚独立国灭亡了。

1945 年 5 月 25 日，南斯拉夫人民军在波斯尼亚河流入萨瓦河的河口周围地区进行了最后几场战役。乌斯塔沙部队和曾在东线战场作战的特种军团士兵在这里筑起了全套筑垒体系，但还是被人民军打垮了，战场上留下三千多具乌斯塔沙的尸体。

第二次世界大战虽然结束了，但是战争带来的创伤是无法弥补的。16—21 岁的青年承担了南斯拉夫 1941 年至 1945 年革命的重担。德国和意大利的集中营曾经关押过几十万人。[①] 战争的确是名副其实的"绞肉机"。

1945 年 11 月，南斯拉夫举行了立宪会议选举，南斯拉夫共产党取得了政权，君主制度被废除。南斯拉夫宣布建立"联邦人民共和国"。伊沃·里巴尔当选为临时总统。南斯拉夫联邦由克罗地亚、斯洛文尼亚、塞尔维亚（包括伏伊伏丁那和科索沃）、黑山、波黑和马其顿组成。1946 年 1 月开始实施新的宪法，宪法强调共和国的联邦性质，并包含了体现社会主义经济各项基本原则的条款。南斯拉夫每个共和国都有自己的领土疆界、自己的国旗和国徽，各共和国按宪法有权制定自己的法律、计划和预算，选举自己的政权机关等。每个共和国都是拥有民族主权的实体。

---

① ［南斯拉夫］伊万·博日奇等：《南斯拉夫史》，商务印书馆 1984 年版，第 772—773 页。

各民族在政治、经济和发展本民族的文化和语言上享有平等的权利。1945 年 7 月，克罗地亚人民解放委员会第四次会议任命了克罗地亚人民议会，这是克罗地亚的最高代表机构。之后，克罗地亚议会把国名定为克罗地亚共和国。1947 年 1 月 18 日通过了新宪法，确认克罗地亚是南斯拉夫联邦成员国。①

1941 年至 1945 年，南斯拉夫被占领，各个民族掀起反抗运动，可歌可泣的精神在世界反侵略历史上留下了浓墨重彩的一笔。然而矛盾的是，在欧洲被占领国家中，没有哪个国家有南斯拉夫这么多卖国者。原因是多方面的。一方面，被占领国家的社会发展水平不一样，法国、荷兰、挪威、丹麦等国家已经完成了民族自决的过程，民族关系稳定，也已经完成农业社会到工业社会的过渡。另一方面，东欧和东南欧国家刚刚处于自决和生产资料、生产关系、体制和上层建筑现代化这一过程的初级阶段。即使一些国家在一战结束之后赢得了独立，但是这些国家是在帝国主义时期开始现代化过程的，而争取民族解放的斗争需要在社会平等的原则基础上改变社会结构。所以在被占领国家，尤其是多民族国家中，社会和民族凝聚力并不一样。

在战争期间，南斯拉夫建立了一支新型的军队，开创了新的战略战术。占领者和游击队之间不存在明显的前线，或者说全国都是前线。游击队虽然被隔开了，但是敌人的驻军也被游击队的

① 左娅：《克罗地亚》，社会科学文献出版社 2007 年版，第 83 页。

有生力量所包围。无论是对游击队来说还是对敌人来说，传统意义上的后方也是不存在的。游击队的进攻精神也是防御的主要因素，他们主动出击，灵活创新，让敌人措手不及，无法用传统的方式应对。

南斯拉夫人民解放运动还奠定了解决民族问题的基础。新的联邦体制也基于游击队的主动精神和群众首创精神，体现出尊重各族人民的文化特点，为各民族在南斯拉夫平等大家庭里自由发展奠定了基础。友爱和团结的思想都在战争结束时的社会体制中有所呈现。①

回顾这一章，包括克罗地亚在内的南斯拉夫各民族都被卷入二战当中，德国很快入侵了南斯拉夫。意大利在克罗地亚扶植了反动的、乌斯塔沙分子领导的独立国。之后南斯拉夫共产党组建了人民解放游击队，在抗击侵略的过程中发挥了决定性的作用。战后，南斯拉夫成立了联邦人民共和国，克罗地亚也更名为克罗地亚共和国。至此，克罗地亚翻开了新的篇章。

---

① ［南斯拉夫］伊万·博日奇等：《南斯拉夫史》，商务印书馆1984年版，第790—799页。

中篇

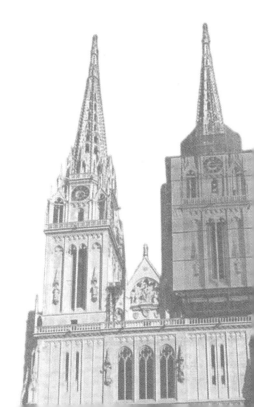

⚛ 对外"不结盟"，内部多摩擦

第一次世界大战后，南部斯拉夫民族联合成为一个国家时，克罗地亚族的一些居住区仍旧被意大利占领。第二次世界大战之后，克罗地亚所有失地都被收回了。需要指出的是，此后几十年间，克罗地亚的历史均是南斯拉夫历史的一部分。

第二次世界大战后初期，按照之前的商谈结果，苏联向南斯拉夫派遣大批军事家和文职专家，并提供了一定的军事援助和经济支援，此时两国在军事、政治、经济、外交、文化等方方面面的合作与联系都十分密切。一些西方人士认为，南斯拉夫当时"曾是莫斯科最坚强、最彻底、最富有战斗性的追随者"。[①]

---

① 赵乃斌、汪丽敏:《南斯拉夫的变迁》,广东人民出版社 2002 年版,第41 页。

但南斯拉夫有着明显的危机意识。就在南苏关系的蜜月时期，南斯拉夫已经感觉到当时苏联政策的支配主义性质，逐渐感觉到在南苏合作关系中，自己处于不平等地位。在南苏针对经济合作的谈判中，苏方对南斯拉夫的工业化计划表现冷淡，甚至公开表示，苏联可以向南斯拉夫提供全部重工业产品，南斯拉夫最好集中力量开发它丰富的矿产资源，供应苏联的需求。双方在南斯拉夫边界以及巴尔干形势的看法上也有分歧。

当时南斯拉夫面临比较棘手的国际关系，与美国、邻国奥地利和意大利都关系紧张，于是提出与保加利亚和阿尔巴尼亚结成巴尔干同盟的建议。1948年后，南苏关系迅速恶化。南苏又有多次不愉快沟通，全部苏联非军事顾问可能都会被撤出。

20世纪50年代中期，南苏关系恢复到了正常状态。南斯拉夫认清了"一边倒"的弊端，吸取了教训，积极倡导不结盟运动，与不结盟国家和其他发展中国家建立广泛合作与联系。自此，南斯拉夫开始向世界开放。南斯拉夫也是不结盟运动的奠基国之一。而后，不结盟运动有序展开。1961年，筹备会议在开罗召开，提出五项参加不结盟国家会议的条件：实行在和平共处和不结盟基础上的独立政策；支持民族解放运动；不加入大国军事集团；不缔结双边军事同盟；不向外国提供军事基地。9月在贝尔格莱德正式召开第一次不结盟国家和政府首脑会议，共有二十五个国家的领导人出席。会上通过了《不结盟国家和政府首脑宣言》。不结盟运动正式形成。

不结盟是当时南斯拉夫对外政策的基础，说明南斯拉夫不参加、更不隶属任何一个军事政治集团。南斯拉夫不结盟政策遵循严格的基本原则，支持各国人民争取和维护民族独立、捍卫国家主权以及发展民族经济和民族文化的斗争。不结盟政策的实质十分明确，就是要反帝反霸，既不是所谓中立主义，也不是谋求建立所谓的第三集团，更不会成为任何人的工具。不结盟政策反对一切形式的政治和经济统治，反对国与国之间的一切新旧形式的从属关系。

南斯拉夫不仅仅是不结盟运动的发起国之一，还是历届不结盟运动协调局成员国，既为不结盟运动的发扬光大和捍卫不结盟的原则作出了积极贡献，又提高了南斯拉夫的国际地位和威望。不过到了20世纪80年代末期，南斯拉夫的一些人对不结盟提出了质疑。其中的依据包括，与第三世界的密切联系与合作使南斯拉夫疏远了欧洲（主要是西欧），南斯拉夫不仅在政治上，甚至是在经济上都越来越接近第三世界，也就与西欧的发展水平有了越来越大的差距。还有人提出，援助发展中国家是"利他主义"，不符合平等互利原则。所以不少人要求修改之前的对外政策，加强与欧洲共同体和其他发达国家的联系与合作，认为这样才有利于本国的发展。

1948年到1952年，南斯拉夫的社会总产值年均增长率为2.4%，工业生产平均年增长率为6.6%。从1952年起，南斯拉夫的经济以惊人的速度发展。1953年到1963年这十年是南斯拉夫经济发展最快的十年。工业增长率甚至达到世界最高水平，仅次于日本。[①] 南斯拉夫的经济水平与西欧发达国家、与世界平均水平的差距大大缩小了。实践证明，正是由于南斯拉夫摒弃了压抑工人生产积极性、束缚生产力发展的经济模式，实行了重大经济改革和对外开放，走适合本国条件的发展道路，搞活了经济，促进了生产力发展，南斯拉夫才能在十多年后成为一个具有中等发展程度的工业农业国。

值得注意的是，当时非常重视消费品的生产，1956 年更是确定了加快消费品生产、大幅度改善人民生活质量的方针。大量物美价廉的消费品和高档的耐用品投放到市场，满足了人民日益增长的生活需求。在政府关心军民消费的政策推动下，居民个人消费不断增长。从 1953 年到 1960 年，年均增长 4.6%，1957 年到 1966 年，年均增长 10%。1952 年至 1979 年人均消费电力增加了 37 倍，洗衣粉、肥皂增加了 7 倍，纺织品增加 3 倍，鞋类增加 2.4 倍。南斯拉夫小汽车保有量为每千人 90 辆，或者说每 5 户就有一辆小汽车。在南斯拉夫发达地区克罗地亚，平均每 2 户便有一辆汽车，仅次于东德和捷克，比苏联和其他东欧国家要好得多。

1956 年，政府还曾推出许多福利措施。例如，所有参加工作的公民及其家属可以享受公费医疗。他们患病住院期间，伙食免

---

① 杨元恪：《铁托传奇》，当代世界出版社 2013 年版，第 113 页。

费。妇女产假为带工资的 105—200 天。产假满后，婴儿 1 周岁以内，母亲每日可减少 4 小时工作时间。家庭收入低于规定水平的职工可领取儿童补贴。所有在校学生都享有公费医疗。大力发展医疗机构。到 1977 年，平均每千人 6 张病床，平均每 760 人 1 名医生。60 年代末就实行职工带薪年休假的制度。70 年代初便开始实行每周五日工作制。

另外，二战之后，南斯拉夫开始重建旅游事业。克罗地亚等国家本就位于风景秀丽的沿海，那里自然条件非常适宜游览和度假，历来是世界著名旅游胜地。南斯拉夫建国后恢复和发展国民经济时，重视海滨旅游设施的修复和重建，同时兴建旅游网点，包括职工疗养所。1951 年，南斯拉夫政府利用外国贷款，修建了一条长达九百公里的滨海公路，从海岸线北端的里耶卡港一直延伸至最南端的巴尔港。这条公路仿佛一条纽带，把沿海城市和景点连贯起来，沿海旅游业得以蓬勃发展。政府还鼓励旅游地的居民改建或扩建住房，用作私营旅店供外国游客租住，还从 1965 年开始，先后同四十多个国家签订了互免签证的协定。[1]

总体上看，南斯拉夫首先对经济体制进行改革，改革的初期和中期也收获了较好的成效，有了一定的经验积累。南斯拉夫曾经提出过"社会主义国家的经济职能应尽快消亡"的理论，这种理论也起了消极的作用。原因在于，南斯拉夫的实践中，往往只

---

[1] 杨元恪：《铁托传奇》，当代世界出版社 2013 年版，第 117 页。

是联邦国家的经济职能被削弱了，"多中心的国家主义"以及"经济民族主义"出现了，引发了一系列政治问题。

另外，在改革的初期和中期，非所有制概念的社会所有制并未真正实行，因为国家还对固定资产以及土地和矿山等资源征收使用税，积累和投资的大部分仍掌握在各级国家机构或银行的手中。从20世纪70年代初开始，社会资产的使用价格被取消，无主的社会所有制开始彻底实行，导致积累日渐减少。南斯拉夫经济增长速度放慢，失业人数增加，外贸逆差扩大，外债迅速增加。所以南斯拉夫经济界认为，自治制度的某些理论本身就站不住脚，根本不切实际。实践中，自治制度被绝对化，并被教条式地理解和贯彻，不随实践的发展和问题的出现而加以修正。20世纪80年代初，还债高峰来临，债务危机爆发，导致全面经济危机开始，自治制度也最终流产。所以总体上来说，第二次世界大战结束后，南斯拉夫经济的发展经历了快速、中速、停滞三个阶段。经济发展最快的时间是1957年至1960年。

除了政治经济体制，作为南斯拉夫的一部分，克罗地亚和南斯拉夫其他部分还不得不面对民族问题。南斯拉夫解放后，由于联邦制的正式确立，资产阶级党派彻底失败，各族人民都在全心全意建设新国家，旧南斯拉夫时代尖锐的民族矛盾和冲突暂时缓和，被封存起来。20世纪50年代中期和末期，对民族问题的讨论几乎成了禁忌。

1964年打开了"民族独立性"这一话题的禁区，为通往

"民族主权"（即共和国和自治省的主权）开辟了道路。之后联邦宪法经过了修改，1971 年通过联邦宪法修正案，南斯拉夫从中央集权制过渡到松散的联邦制，从一个统一的国家逐步走向"联邦化"国家时期。但是另一方面，民族主义也逐渐暴露出来。①

1990 年 4 月 22 日至 5 月 6 日，克罗地亚举行了选举，以弗拉尼奥·图季曼为首的克罗地亚民族共同体获胜。② 1990 年 5 月 30 日，新当选的议会代表召开首次会议。会上，图季曼被选为克罗地亚主席团主席，同时还选出了政府成员、总理、主席团成员。第一届多党议会召开的日子被定为克罗地亚国庆日。7 月 25 日，克罗地亚议会通过宪法修正案，修改了国名、国徽和国旗。③

与其他斯拉夫国家一样，克罗地亚 1848 年开始采用红、白、蓝三色旗。1941 年独立国时期，将红白格子徽章置于三色旗中间，靠近乌斯塔沙纹章中心。南斯拉夫时期，克罗地亚三色旗加上了红星标记。1990 年 12 月 22 日，克罗地亚宣布使用现在的国旗。新国旗呈长方形，长宽之比为 3∶2。旗面由三个平行相等的横长方形组成，自上而下分别为红、白、蓝三色：红色象征着爱国热情，白色象征着和平和安宁，蓝色象征着自由和尊严。旗面中间是国徽图案。

---

① 马细谱：《南斯拉夫通史》，上海社会科学院出版社 2020 年版，第 287 页。

② 左娅：《克罗地亚》，社会科学文献出版社 2007 年版，第 91 页。

③ 赵乃斌、汪丽敏：《南斯拉夫的变迁》，广东人民出版社 2002 年版，第 128 页。

克罗地亚国徽是盾徽。盾徽上端有一个风格明显的王冠，王冠由五个小盾组成。从左至右五个小盾上的图案分别为：白色新月和金色六角星、蓝底上两条红色条带、三只戴有王冠的金狮头、红角红蹄的金色山羊、黑貂和金色六角星。国徽源于 9 世纪的克罗地亚古老王国的标志，五只小盾象征当时王国的五个地区，由左至右分别是克罗地亚王国、拉古萨共和国、达尔马提亚、伊斯特里亚、斯拉沃尼亚。这些都纪念了克罗地亚的古老文化和传统，展示克罗地亚历史上不同时期的灿烂文明。克罗地亚的国歌是《我们美丽的祖国》。原歌词最早发表于 1835 年，当时歌名为《祖国克罗地亚》。尽管 19 世纪后期的观点认为作曲者应为约西普·伦亚宁（1821—1878），但是原作曲人是谁至今仍有争议。①

1991 年 4 月，克罗地亚主席团决定就共和国是否继续留在南联邦内举行全民公决。全民公决在 5 月 19 日举行，94% 的投票人同意建立独立的主权国家。然后克罗地亚议会举行连续多天的会议，启动紧急程序审议和通过了有关脱离南联邦的六十多项法律文件。之后，克罗地亚议会发表政权和独立宣言，指出目前存在破坏克罗地亚共和国宪法和领土完整的图谋，克罗地亚人民决心全力捍卫国家独立和领土完整，克罗地亚现有边界就是国界，在克罗地亚领土上只有克罗地亚法律有效，但没有宣布失效的南联

---

① 吴素梅、顾佳丽编著：《"一带一路"国别概览——克罗地亚》，大连海事大学出版社，2019 年，第 26 页。

邦法律在克罗地亚从南联邦分离出去之前在克境内仍然有效。

克罗地亚的民族主义浪潮终于开花结果，经过克罗地亚全民公决，克罗地亚共和国成为独立主权国家。然而人民也许没有意识到，战争又在悄无声息地靠近了。

⛪ "入盟"路漫漫

　　克罗地亚宣布脱离南斯拉夫联邦共和国之后，经历了长达五年的冲突和动荡。重获和平之后，将加入欧盟作为外交政策的首要目标，目的是保障国民安全，促进经济发展，改善民生，高效应对全球化所带来的挑战。[①] 克罗地亚和欧盟（过去称为"欧洲共同体"）之间的联系，从南斯拉夫联邦时期便开始了。作为南联邦的加盟共和国，克罗地亚参加了南联邦和欧共体1980年的合作协议，与欧洲共同体建立了制度上的联系。冷战结束之后，中东欧国家有了"回归"欧洲的历史契机。这些国家希望加强与欧洲的联系，中东欧的"力量真空"也有望填补上，这对欧共体

---

　　① 刘海泉:《克罗地亚入盟后的机遇与挑战和中国"一带一路"战略》,《上海对外经贸大学学报》,2015年第3期,第36页。

来说是有利的。然而天不遂人愿，南斯拉夫地区爆发了内战，克罗地亚同欧盟的关系一直到 1996 年都没有实质性的进展。直到巴尔干半岛爆发冲突，直接威胁到欧盟成员国利益，欧盟甚至才开始着手制定针对巴尔干半岛的政策。

1999 年，科索沃战争爆发，欧盟发现西巴尔干是否稳定会直接影响欧洲一体化的进程。于是在 1999 年 5 月，欧盟与克罗地亚、阿尔巴尼亚、波黑、当时的南斯拉夫联盟以及马其顿这五个位于西巴尔干的国家签订《稳定与联系协议》，目的是通过协议关系，帮助恢复这一地区的稳定和经济发展。①

说到欧盟，它不仅是一个经济、政治联盟，同时也是一个价值联盟。随着欧洲一体化不断深化，文化和政治因素在欧盟内外政策中越来越成为重要的变量。就欧洲一体化而言，起主导作用的是欧洲观念。欧洲观念的认同是欧洲一体化的文化基础，而文化上的认同感有时比由经济或政治利益为纽带联结起来的一体化更深远，更持久。欧洲各民族人民共享的文化传统和遗产，如古希腊文化、罗马法、国家意识和基督教文化等构成了欧洲的共同精神纽带。

欧洲文化的基础是欧洲文化认同。尽管欧洲文化是由不同的民族文化构成，但古希腊、古罗马文化和基督教文化则是欧洲共

① 左娅：《克罗地亚入盟及其对西巴尔干国家的启示》，《俄罗斯东欧中亚研究》，2013 年第 6 期，第 56 页。刘海泉：《克罗地亚入盟后的机遇与挑战和中国"一带一路"战略》，《上海对外经贸大学学报》，2015 年第 3 期，第 36 页。

同的文化遗产。文艺复兴、人文主义、宗教改革、启蒙运动、自然科学和法国革命都为欧洲奠定了共同的文化价值和政治文化价值。[1] 13世纪到16世纪的文艺复兴范围几乎囊括了整个欧洲，文艺复兴之后的人文主义讲求以人为中心、崇尚理性和科学，关注古希腊思想家提出的民主意识。16世纪宗教改革时期出现了新教。18世纪，欧洲自然科学兴起，以思想解放和理性为中心的启蒙运动开始。现如今西方国家制度的很多方面都源于启蒙运动所提出的理性与自由。然而两千多年的基督教文化依旧是欧洲人的精神纽带。除希腊信仰东正教这一分支之外，欧盟成员国基本都属于拉丁语基督教世界。这样的宗教基础也影响了"欧洲"的界定，欧洲的界线在"基督教范围的结束，伊斯兰教和东正教范围开始的地方"。[2] 所以说欧洲文化价值和欧洲文化认同是欧洲的文化基础。

欧盟也十分看重共同的欧洲政治文化价值标准，1950年出台过《欧洲人权公约》，1989年发表过《欧洲基本权和基本自由权宣言》。《欧洲基本权和基本自由权宣言》关注人的基本权，比如人的尊严、行业自由、财产所有权、隐私权、住宅和行商区域不可侵犯、言论自由、宗教信仰自由等，同时将人权、民主、法治

---

[1] 转引自王志强、戴启秀：《欧盟东扩的文化基础及其战略意义》，《德国研究》，2003年第2期，第25页。

[2] 转引自王志强、戴启秀：《欧盟东扩的文化基础及其战略意义》，《德国研究》，2003年第2期，第26页。

和个人自由确定为欧洲政治文化价值。

早在 20 世纪 90 年代中叶,有着共同的欧洲政治文化价值的欧盟便提出了"东扩"计划。1993 年哥本哈根欧盟峰会制定了欧盟东扩的三大框架原则:一是建立稳定的、制度化的国家机器,保障民主、法治秩序,保护人权,切实尊重少数民族权利;二是建立行之有效的市场经济制度;三是承担成员国义务,把建立政治联盟、经济货币联盟作为自己的目标。这三大框架也成为入盟候选国的选择标准。

克罗地亚认为欧盟"东扩"无疑是对其有利的。欧盟是克罗地亚最重要的外贸伙伴。在经济转轨前,克罗地亚 60% 的出口面向欧盟成员国,南斯拉夫联邦分裂后这一比例下跌到 50%,但欧盟仍是克罗地亚最大的出口对象。另一方面,从欧盟国家的进口几乎占克罗地亚进口总额的 60%。第一批候选国加入欧盟之后,克罗地亚同欧盟的贸易额将上升到其总贸易额的 3/4。克罗地亚希望通过加入欧盟实现贸易扩展和资本引进,并通过外来的竞争压力迫使本国企业提高技术和管理水平,缩短与西欧国家的经济差距,从而保证国内的政治稳定和经济繁荣。克罗地亚政府相信,加入欧盟不仅能促进经济和社会发展,创造稳定的法治环境和更有效的市场,同时也将对加强政治稳定和安全产生积极的推动作用。①

———————

① 左娅:《克罗地亚与欧洲一体化》,《欧洲研究》,2006 年第 4 期,第 31—32 页。

不过加入欧盟对克罗地亚有利与克罗地亚能顺利加入欧盟毕竟是两件事。尽管同属欧洲地理版图，但是克罗地亚等巴尔干国家，甚至中东欧国家，在历史、文化传统上与西欧国家颇有不同，冷战经历更使他们在政治经济体制与意识形态方面同西欧迥然相异。冷战结束后，中东欧国家纷纷打出"回归欧洲"的旗帜，表明他们对由西欧国家（欧盟核心成员）发起并主导的欧洲一体化的认同。于是，加入欧盟就成为这些国家共同的"欧洲梦"。然而要跻身欧盟大家庭就必须接受其标准和机制，简单地说就是需要与欧盟的主流价值与实践绑定，这个过程被学者称为"欧洲化"。①

尽管加入欧盟是其基本诉求，然而在 20 世纪 90 年代，克罗地亚与欧盟的互动并不愉快，双方关系长期处于紧张和疏离状态。就克罗地亚而言，尽管他们渴望得到欧盟的经济援助和政治认可，但独立之初的当务之急是解决巴尔干问题，也就是应对塞尔维亚的挑战，收复国内的塞族控制区，还有介入波黑内战。就欧盟而言，他们对克罗地亚的巴尔干政策也充满疑虑和戒心。1995 年 8 月，克罗地亚政府军不顾欧盟警告攻占克拉伊纳塞控区，欧盟对克罗地亚实施了制裁。

1997 年 4 月，欧盟推出了为南联盟（除了斯洛文尼亚）和阿尔巴尼亚量身定制的"地区路径"，一个新的次区域概念——

① 胡勇：《"欧洲梦"与"欧洲化"：克罗地亚加入欧盟及其影响》，《国际论坛》，2015 年第 6 期，第 25 页。

"西巴尔干"应运而生。不过在克罗地亚政府看来，欧盟将克罗地亚从"欧洲"推向"西巴尔干"是阻挠其实现"欧洲梦"的一个显著表现。这是因为"巴尔干主义"或者"巴尔干化"已经被妖魔化为"东方主义"的变体，成为欧洲的"他者"。克罗地亚的主流媒体就曾表示："中欧国家、地中海国家、跨喀尔巴阡山脉国家都是我们想得到的身份，但我们就是不想做巴尔干国家。"简言之，在20世纪90年代，"巴尔干化"让克罗地亚的"欧洲梦"蒙上了阴影。①

20世纪90年代后期，其他中东欧国家纷纷加快转轨，努力靠近欧盟，克罗地亚越来越感受到"掉队"的危机。2000年1月，克罗地亚举行议会选举，执政长达十年的"民主共同体"失利。选民之所以给执政党投反对票，不仅是因为执政党治国理政不力，而且因为国家在"回归欧洲"的道路上止步不前。对比之下，反对党上台至少给了克罗地亚一个实现"欧洲梦"更好的机会。

因此2000年的大选成为克罗地亚与欧盟关系的转折点。克罗地亚新领导层认识到必须打破孤立状态，加快实现"欧洲梦"的步伐，将整个对外政策的重心转向以欧盟和北约为代表的西方。在此氛围下，克罗地亚不再纠结于"巴尔干"与"欧洲"的二元认同。2000年大选后上台的克罗地亚总理拉昌表示："我的

① 胡勇:《"欧洲梦"与"欧洲化":克罗地亚加入欧盟及其影响》,《国际论坛》,2015年第6期,第26页。

政府充分理解，如果克罗地亚想成为欧洲的一员，就必须接受欧洲的标准。而欧洲的标准就是与邻国和地区的合作。我无法想象如果我们的邻国不稳定，克罗地亚可以独善其身。"克罗地亚还公开表示支持本地区所有国家都加入欧盟。

作为回报，欧盟承诺将加强与克罗地亚一体化的程度，加大对克罗地亚经济援助的力度，以及出台更积极的战略。2000 年 5 月 24 日，欧盟委员会公布了同克罗地亚进行《稳定与联系协定》谈判的可行性报告。半年后，萨格勒布峰会的召开标志着双方正式启动该项谈判。2001 年 10 月 29 日，克罗地亚与欧盟签署《稳定与联系协定》。2002 年 12 月 18 日，克罗地亚议会通过决议，宣布加入欧盟是克罗地亚的战略目标，并要求政府向欧盟提交入盟申请。此举表明加入欧盟已成为"（克罗地亚）所有政治力量的共识与决心"。2003 年 2 月 21 日，克罗地亚政府正式向欧盟提交了申请。[1] 经过漫长的谈判和协商，事实上直到十年后的 2013 年 7 月 1 日，克罗地亚才终于成为欧盟第二十八个成员国。

克罗地亚这十年的等待是十分漫长的。2003 年 1 月，希腊担任欧盟轮值主席国。克罗地亚政府预测，希腊本身也是巴尔干国家，会对本地区事务更尽心尽力。事实证明他们没有猜错。希腊担任轮值主席国后马上决定优先处理西巴尔干事务，希腊外长也出访了西巴尔干国家首都，希腊甚至提出应区别对待巴尔干国

---

① 胡勇:《"欧洲梦"与"欧洲化"：克罗地亚加入欧盟及其影响》,《国际论坛》,2015 年第 6 期,第 26 页。

家。趁着有利的客观条件,克罗地亚于 2003 年 2 月 21 日提出加入欧盟的申请。欧盟理事会在 4 月 14 日接受克罗地亚的申请。2004 年 6 月,欧盟宣布克罗地亚满足"哥本哈根标准"的政治条件,克罗地亚成为"候选国",欧盟将开始入盟进程。克罗地亚入盟谈判时间定在 2005 年 3 月 17 日。不过在事先定好的谈判日期前一天,欧盟推迟了谈判日期,因为欧盟认为克罗地亚与海牙国际刑事法庭的合作不够充分,当时法庭正在处理前南斯拉夫问题。七个月后,欧盟终于开始克罗地亚入盟的谈判。[①]

欧盟在谈判中提出的要求主要包括以下几点:一、进行司法改革和保护人权,加强建立独立、公平、负责任、专业的司法体系,打击腐败及有组织犯罪,安置回归的难民,保护少数民族及人权;二、与联合国前南斯拉夫国际刑事法庭充分合作,移交被起诉的克罗地亚战时高级军官,这一条也是谈判的前提条件;三、解决邻国边境争端;等等。

不言而喻,入欧盟的条件极为苛刻,要考察政治、经济、社会、外交、国防、司法等 35 个领域,每个领域都要经过谈判过关。克罗地亚入欧盟的障碍在于地区合作、邻国关系、司法改革、战犯问题等方面,因此入欧过程远比想象中困难。入欧盟的过程中,引渡前军官安特·戈托维纳的决定在克罗地亚国内引发过抗议游行,斯洛文尼亚还曾对谈判设限,最后签订了"皮兰湾

---

① 左娅:《克罗地亚入盟及其对西巴尔干国家的启示》,《俄罗斯东欧中亚研究》,2013 年第 6 期,第 56 页。

划界协议"才解决问题。直到 2011 年，克罗地亚终于完成了历时六年的入盟谈判。克罗地亚在 2012 年组织针对入盟的全民公投，投票率仅为 42%，可见人民对入盟持有不同意见，但是多数人投票支持加入欧盟。

大体上看，中东欧国家加入欧盟必然要按照欧盟标准重塑自身，消除一些地域痕迹，获得"欧洲身份"。但这个过程更倾向于改造这些国家，让他们步入欧洲轨道，而不是单方面的援助。①欧盟"扩招"也是考虑了自身的整体利益，罗马尼亚和保加利亚在 2007 年加入欧盟。新的国际环境下，欧盟扩大的成败关乎自身的未来，说关系到未来的生存也不为过。欧盟扩大有助于增强欧盟在全球的经济竞争力，拓展内部市场，带动疲软的欧盟经济，早日脱离欧债危机的泥淖，也有助于将西巴尔干地区纳入民主势力范围，填充因南斯拉夫联邦解体而产生的"政治真空"。克罗地亚有望助力加强西巴尔干地区的民主和稳定，有助于建立和平、稳定和民主的"大欧洲"，将来欧洲可以进一步提升在世界舞台上的重要性。

克罗地亚加入欧盟不光提升了自身在西巴尔干地区的影响力，更是鼓舞了整个地区加入欧盟的热情。在西巴尔干欧洲一体化的过程中，克罗地亚为邻国树立了"榜样"，提供了技术支持，这样其他国家可以更有针对性地、信心更充沛地向欧盟迈步前

---

① 孔寒冰：《从差异和历史角度观察中东欧与欧盟的关系》，《欧亚经济》，2017 年第 3 期，第 16 页。

进。克罗地亚也成了沟通欧盟和西巴尔干国家关系的纽带,对一些邻国的欧洲一体化进程提供必要的帮助,比如波黑。克罗地亚入盟还推动了地区的合作,稳定了地区局面,让未入欧盟的同地区国家意识到自己需要克罗地亚的支持。从 2012 年以来,克罗地亚与塞尔维亚的关系渐渐改善,曾就寻找失踪人员等历史遗留问题展开合作。

时至今日,西巴尔干国家还是会在一些问题上产生摩擦。2017 年 8 月,克罗地亚大幅度提高了非欧盟国家水果和蔬菜的进口税。西巴尔干国家感到了危机,威胁要采取报复行动,并向欧盟委员会发出联名信,指责克罗地亚这一做法违反了他们与欧盟签署的《稳定与联合协议》。尽管克罗地亚很快放弃增税,但这一事件可能使克罗地亚对西巴尔干国家入盟所持的立场有所动摇。①

回看历史,对克罗地亚等中东欧国家来说,摆脱苏联模式和苏联控制既是入盟的不可或缺的前提,也是这些国家希望通过入盟实现的愿望。他们努力加入欧盟,很大程度上都是为了维护国家主权的完整。加入欧盟相反需要他们让渡部分国家主权,这就使一些成员国生出反感,欧洲怀疑主义也出现了。②

---

① 高歌:《离心与向心——2017 年中东欧国家与欧盟的关系》,《当代世界》,2018 年第 1 期,第 60 页。

② 高歌:《中东欧国家"入盟":愿景与现实》,《欧亚经济》,2017 年第 3 期,第 17—18 页。

从某种意义上讲，先前中东欧国家加入欧共体的选择并没有经过深思熟虑，他们可能以为加入欧共体可以解决所有难题，对欧共体成员国的义务认识不足，特别是欧共体要求的主权让渡。结果加入欧盟后一些人才发现，千辛万苦才取得了国家独立，却陷入了某种国际主义新形式。[①] 2008 年国际金融危机爆发时，中东欧国家经济不同程度陷入衰退，欧元区债务危机也削弱了欧元的吸引力。欧盟加强管制难免要削弱成员国议会的权力，决策的透明度和决策者态度是否负责就不容易保证，成员国公民也被排除在决策进程以外，很难发挥影响，中东欧国家的公民便是这样。[②] 所以加入欧盟并非有百利而无一害。

欧盟是克罗地亚十分重视的国际组织，因而克罗地亚花费多年才如愿以偿加入欧盟。除了欧盟，美国和俄罗斯这两个大国也是克罗地亚重视的国家。

克罗地亚重视与美国的关系，在 1992 年 8 月 6 日与美国正式建交。克罗地亚总统图季曼在 1995 年和 1996 年两次访美，1996 年，美国总统克林顿访问克罗地亚。克罗地亚希望从美国那里获得经济支持和援助，美国也是克罗地亚的重要贸易伙伴。如果追根溯源，美国也是拥有克罗地亚移民最多的国家，这些移民是

---

① 引自高歌：《中东欧国家入盟与欧盟东扩：是否为同一进程？》，《俄罗斯东欧中亚研究》，2021 年第 4 期，第 85 页。

② 高歌：《中东欧国家"欧洲化"道路的动力与风险》，《国外理论动态》，2013 年第 10 期，第 93 页。

美、克两国之间的纽带。1526年，第一批克罗地亚人移民到美洲大陆，后来越来越多的克罗地亚人到那片土地寻求发展的机会。从19世纪80年代起，大批的移民从克罗地亚来到美国，在路易斯安那州和加利福尼亚州密西西比河三角洲建立了美国第一个克罗地亚人聚居地。他们主要是来自克罗地亚海边的渔民和农民，美国西部的气候与他们的故乡类似，于是他们开始了定居和劳作。第二批克罗地亚移民主要定居在匹兹堡、底特律、芝加哥等美国的工业中心，在工厂或者矿山做工。两次世界大战期间，克罗地亚移民数量减少。二战结束后，移民人数回升了。克罗地亚人在美国建立了许多社团，1894年成立于匹兹堡的克罗地亚兄弟会是美国和加拿大最大的克罗地亚人社团。美国还发行克罗地亚语报纸，开设克罗地亚学校。①

美国和克罗地亚之间的双边关系十分牢固，曾经联手应对地区和全球挑战。克罗地亚是最晚加入北约的欧盟成员国，尽管加入北约时还未正式加入欧盟，南联盟解体后，克罗地亚也是第二个加入欧盟和北约的国家，仅晚于斯洛文尼亚。作为北大西洋公约组织（NATO）的盟友，克罗地亚自2009年以来一直参与北约行动，包括国际安全援助部队，随后又参加了在阿富汗、科索沃和利比亚的军事行动以及黎巴嫩、塞浦路斯、印度、巴基斯坦、西撒哈拉和戈兰高地的维和行动。克罗地亚重视与北约的伙伴关

① 左娅：《克罗地亚》，社会科学文献出版社2007年版，第317—318页。

系，也协助邻国提升他们的成员资格。美国国防部与克罗地亚的军事关系非常牢固。美国以训练、装备、装备贷款、美国军校教育等形式向克罗地亚提供军事援助。克罗地亚还与明尼苏达州国民警卫队建立了合作伙伴关系。美国和克罗地亚有双边投资条约和投资保护协议，克罗地亚也是美洲国家组织的观察员。

虽然克罗地亚是北约和欧盟的忠实成员，但也意识到克、俄双边关系的重要性。自 1991 年国家独立以来，克罗地亚与俄罗斯一直保持着平缓但较为"冷淡"的关系。

1992 年 5 月 25 日，俄罗斯承认克罗地亚为独立国家，克罗地亚与俄罗斯的关系正式开始。克罗地亚在莫斯科设有大使馆，在加里宁格勒、新西伯利亚和索契设有领事馆，而俄罗斯联邦在萨格勒布设有大使馆，在普拉和斯普利特设有领事馆。

克罗地亚于 2009 年加入北约，2013 年加入欧盟，于是克罗地亚与俄罗斯进行独立政治合作的可能性受到了限制。原因是克罗地亚的外交政策，包括对俄罗斯的外交政策，必须与欧盟的外交政策目标保持一致。然而值得庆幸的是，在这个广泛的框架内仍有发展建设性双边关系的空间。

2004 年，时任克罗地亚总理的伊沃·萨纳德向俄罗斯政府代表、俄罗斯国防部长谢尔盖·绍伊古承诺，克罗地亚将致力于 Družba Adria，意为"亚德里亚合作"，比如将俄罗斯石油通过管道从俄罗斯的萨马拉开始，经由匈牙利和克罗地亚管道，向南输送到克罗地亚克尔克岛的奥米沙利港口。几个月后，该项目被放弃。尽管如此，普京还是出席了 2007 年在萨格勒布举行的能源峰会，让克罗地亚参与南溪项目。该项目要将天然气从俄罗斯联邦通过黑海地区运输到保加利亚，并通过塞尔维亚、匈牙利和斯洛文尼亚到奥地利，分支到克罗地亚。在亚德兰卡·科索尔任克罗地亚总理期间，与俄罗斯于 2010 年签署了南溪项目协议，但在欧盟委员会认定俄罗斯与欧盟六国和塞尔维亚的协议不符合欧盟指令后，该项目于 2014 年以失败告终。克罗地亚与意大利埃尼公司签署了天然气采购协议。然而过去几年中克罗地亚仍然没有固定天然气供应商，而是通过短期合同购买天然气，这表明俄罗斯天然气没有真正的替代品。

2017 年，克罗地亚与俄罗斯天然气巨头签署了一份为期十年的协议。合同将一直有效到 2027 年底，在此期间，俄罗斯天然气工业股份公司将每年向克罗地亚输送 10 亿立方米的天然气。

不过克罗地亚主要食品生产商和零售商 Agrokor 集团的危机一度让克罗地亚和俄罗斯之间的关系紧张起来。

另一方面，克里米亚事件后，克罗地亚与其他欧盟成员国一道对俄罗斯联邦实施制裁。尽管克罗地亚支持进一步延长和扩大制裁，但清楚地知道制裁造成了经济损失，还对欧盟生产商产生了负面影响，克罗地亚生产商也失去了最重要市场之一。克罗地亚经济商会提供的信息显示，从 2014 年到 2018 年四年间，制裁造成克罗地亚对俄罗斯的出口减少了一半。

欧盟对俄罗斯的制裁于 2014 年 3 月开始，此后每六个月更新一次，目前已开始制定第七轮制裁。克罗地亚遵循欧盟原则，与欧盟在克里米亚问题上保持同一立场。

克罗地亚曾试图在政治上推动克里米亚问题的解决。但克罗地亚总理的言论引起了俄罗斯外交部的不满。普连科维奇在国内也受到批评，许多分析人士和反对派政客指责他干涉别国内政，损害克罗地亚与俄罗斯的关系。

之后两国双边关系陷入停滞。2017 年，克罗地亚和俄罗斯决定改善双边关系。就在两国关系似乎有所改善的时候，一名俄罗斯外交官被驱逐出境。这次事件导致两国关系再次恶化。

本章中，克罗地亚经过数年努力，终于如愿加入欧盟，而且在加入欧盟前便加入了北约。可见克罗地亚与欧盟、与美国的各方面合作是十分密切的。同时，克罗地亚深知与俄罗斯的关系也不容忽视，只是多方面原因造成克俄关系总是时近时远。无论如何，克罗地亚希望加入欧盟或是维持与美、俄恰当的关系一定都有经济上的原因。在下一章中，我们一起来了解克罗地亚经济领域的状况。

造船业不及从前，农业亟待振兴

从刚刚实现统一时到现在，克罗地亚的经济自然已经有了长足的进步。总体上看，克罗地亚经济较为发达，经济基础良好。2008 年之前，不管是国内生产总值总量（GDP）、其增长率还是区域内占比，都相对较高。2008 年受全球金融危机影响，经济逐渐陷入衰退。2011 年，在消费、旅游和出口的拉动下，GDP 有所回升，达到 622.50 亿美元，同比增长 4.30%。但是在全球经济整体下滑的环境下，克罗地亚经济增长也明显乏力。2011 年之后，GDP 总量有所下滑，2015 年 GDP 总量 487.32 亿美元，同比减少 14.71%，人均 GDP 为 11 536 美元，从 2008 年占全球 GDP 总量的 0.11% 下降到 0.07%，占"一带一路"沿线国家 GDP 总量的比例由 2006 年的 0.54% 下降到 0.22%，在中东欧十六国中的占比也由 2006 年的 4.75% 下降到 3.61%。2016 年，克罗地亚整体经济形势有所上升，增长率达 3.17%。虽然经济发展趋势称不上强劲，但由于经济基础良好，国内政局稳定，克罗地亚依然可以列为中上等收入水平经济体。同时克罗地亚 GDP 增长率仍然低于金融危机发生之前的经济增长率，说明克罗地亚经济遭重创后仍未完全恢复。平均居民消费指数又从 2006 年的 3.2% 下降到了 2016 年的 -1.1%。居民消费价格指数（CPI）下降表明克罗地亚的通货紧缩问题亟待解决，经济水平下降对于居民生活水平也产生较大的负面影响。另外，克罗地亚的失业率居高不下，2014 年甚至达到了 17.33%。①

2020 年，克罗地亚经济因新冠疫情和两次大地震收缩了 8.1%，不过 2021 年的 GDP 年增长率为 10.4%，到年中时已达到危机前的经济活动水平。在有利的融资条件和欧盟资金流入的支持下，私人消费和投资活动为整体经济增长提供了强有力的支持。然而，克罗地亚国内需求在当年最后一个季度降低了，部分原因是疫情加剧和通胀压力增加。幸运的是，由于旅游业快速复苏和商品出口的增加，2021 年净出口为正数。

在克罗地亚某些行业，特别是建筑业，外国劳动力缓解了工人短缺的问题。在食品和能源价格的影响下，通胀在 2021 年底加剧，到 2022 年 2 月达到 6.3%。据估计，政府赤字已减半至

① 吴素梅、顾佳丽编著：《"一带一路"国别概览——克罗地亚》，大连海事大学出版社，2019 年，第 88—89 页。

GDP 的 3.5% 左右，公共债务在 2021 年 11 月有所下降，占 GDP 的 80%。食品价格飙升给穷人和弱势群体带来了负担，因为他们将近 50% 的预算都用于购买必需品。按照 2011 年修订后的购买力平价计算，克罗地亚人口中每天生活费不足 5.5 美元的人口比例可能已在 2021 年下降至 1.6%。①

了解了克罗地亚经济的大致状况，我们来关注克罗地亚经济的重点领域，特别是造船业、农业以及食品制造业。

克罗地亚造船业是克罗地亚经济的重要组成部分。克罗地亚造船业已有几百年的历史，技术水平较高，在世界上占有重要的地位。造船业是克罗地亚制造业中的支柱产业，在克罗地亚出口产业中一直名列第一。克罗地亚驻华大使奈博伊沙·科哈罗维奇曾说："全欧洲的海运业都面临着重新调整，所以我们目前着力于发展小手工业和特殊工业，以及船舶制造，如果你想买艘游艇的话务必来克罗地亚，我们的造船工艺和经验都是一流的。"② 下面我们重点关注一下克罗地亚造船业的情况。

克罗地亚造船业生产新船，并对现有船舶和海上装置进行改装和维修。克罗地亚造船业技术水平高、规模大，最终产品资本价值高。造船业产品是克罗地亚为高要求且竞争激烈的全球市场

---

① 参见世界银行官网。https://www.worldbank.org/en/country/croatia/overview#3.

② 吴素梅、顾佳丽编著：《"一带一路"国别概览——克罗地亚》，大连海事大学出版社，2019 年，第 92—94 页。

制造的最有价值的出口商品。由于造船业与地方工业环境密切相关，所以造船业也是创造新就业机会的产业，是促进当地和区域发展的强大工业动力。数据统计显示，克罗地亚造船厂的一个工作地点可能额外创造三至五个工作岗位。[①]

但造船业并非关起门来埋头干的行业，其一大特征便是发展受到多方面的影响，取决于海运贸易的现状、世界商船队和世界订单状况、原材料价格、货币波动、石油和天然气市场、地缘政治和地缘战略事务、地方经济政策、国际贸易协会，以及与人类、环境和动物保护有关的不同法律、银行贷款的可用性等，因而造船业对众多不同的全球和地方利害相关方非常"敏感"。

周期长是造船业的另一大特征，从造船合同签订到船舶交付，时间间隔往往在一年半到两年之内，取决于船舶的类型和造船厂生产技术开发的状态。不过长周期也是有回报的，一旦建成，船舶通常可以服役二十五到三十年，因此现有商船船队普遍并不现代化。同时，造船业的经济和技术发展趋势经常要持续几十年而非几年。[②]

不幸的是，上一次全球经济危机对全球造船业和近海工厂都

---

① 转引自 Neven Hadžic et al. Current State and Perspectives of the Croatian Shipbuilding Industry. *Journal of Naval Architecture and Marine Engineering*, 2015(7), p. 33.

② 转引自 Neven Hadžic et al. Current State and Perspectives of the Croatian Shipbuilding Industry. *Journal of Naval Architecture and Marine Engineering*, 2015(7), p. 33.

造成了打击，从 2008 年下半年开始，新订单快速跌回至 2002 年的水平。① 此外，远东造船厂也开展了大规模生产，世界上大多数造船厂为了吸引潜在的投资不得不减少费用和缩短交货期，同时将原材料价格保持在危机前水平。这些状况都影响了克罗地亚的造船业。

除此之外，2013 年 7 月 1 日克罗地亚加入了欧盟。克罗地亚政府承诺适用欧盟关于未盈利造船厂的要求，声明在自我提升过程结束时，未盈利造船厂将转移到私营部门，而政府在接下来的五年期间，每年向造船业发展提供约 9000 万美元的支持，以避免可能带来的商业上和社会上的不稳定因素。克罗地亚造船厂必须开展可持续的商业活动，还不可避免地面临因生产能力限制导致船台数量减少的后果。

在当前背景下，造船业竞争激烈，克罗地亚造船厂普遍生产相对相似的船型，区域层面的产品差异小。然而由于与高投资成本、物理上的障碍（可用海岸线区域、海深、公海通道、现有交通和能源基础设施等）相关的不同经济壁垒，以及政府的支持和经济政策，新兴造船厂在全球和区域层面的介入受到了限制。

尽管克罗地亚造船业自身受多方面影响，但反过来也能影响其他相关产业，甚至为其他国家和地区的制造商创造就业机会。

---

① 转引自 Neven Hadžic et al. Current State and Perspectives of the Croatian Shipbuilding Industry. *Journal of Naval Architecture and Marine Engineering*, 2015（7），p. 33.

新冠疫情出现后，克罗地亚造船厂虽然承受了不小的压力，但在某种程度上，依然能为依赖其正常运作的地方行业和制造商带来大量工作机会，比如挪威的制造商。由于挪威渔船客户从克罗地亚造船厂购买船只，开启了挪威与克罗地亚造船厂之间的合作，现在有多达四家克罗地亚造船厂是挪威的合作伙伴。

克罗地亚造船厂完全遵守交货期限，即使在新冠疫情时也未能阻挠其按时交货。2021年4月，位于希贝尼克的造船厂在十天内就曾经交付过多达4艘船，但总体而言，挪威的业务份额似乎有所下降。希贝尼克造船厂在2020年获得2000万欧元收入，但由于克罗地亚造船厂生产的船舶是用于渔业旅游市场，新冠疫情对旅游业造成了沉重打击，所以新订单在当时还是减少了。不过克罗地亚造船业已经有了新的解决方案，他们准备投入海上搜救项目，建造6艘价值6000万库纳的船只。

克罗地亚造船厂和挪威的合作依然在扩大，克罗地亚造船厂生产的铝制双体船和单体船体，用作水产养殖业的服务船，通过安装挪威制造商的材料和设备来鼓励挪威当地组件制造业的发展。起初这些船舶的装备完全来自进口，而如今克罗地亚生产商至少参与了这部分业务的40%。

克罗地亚造船厂的高质量服务是公认的，而且灵活性也出色。克罗地亚建造的船舶的模型和设备总是满足客户的最终需求，同时也有能力建造不同类型的船舶。截至2021年4月，克罗地亚造船厂已经为挪威市场建造并交付了118艘船。

克罗地亚的造船业历史悠久，不仅为本国本地创造就业机会，甚至为依赖它的其他地区的一些产业创造就业机会，可见其重大意义。除了造船业，农业历来也是克罗地亚经济的重要分支。克罗地亚的农业主要包括种植业、畜牧业、林业、渔业等。克罗地亚农业污染程度很低，具有发展绿色农业的优良条件，而且水资源得天独厚，利于农业发展。但是多年来克罗地亚对农业的投入不多，农业基础设施相对落后，尤其是灌溉设施，虽然北部产粮区里河流众多，其中包括多瑙河、萨瓦河、德拉瓦河等较大的河流，但灌溉面积仅占耕地面积的 0.28%，甚至存在"靠天吃饭"的做法。所以克罗地亚农业具有很大发展空间。①

作为临海国家，克罗地亚具有非常优越的水产养殖条件，水产养殖具有很大的发展潜力。但目前养殖技术水平较低，单产不高，加上市场经营方式的转变、东方传统市场的丢失、过高的生产成本（如每销售 1 千克鱼须交 7.23% 的水资源费）及鱼塘私有化等原因，都影响了克罗地亚的淡水养殖发展。

另外，克罗地亚食品加工业较发达。克罗地亚主要出口烟草、调味品、汤料、糖果、鱼罐头、牛肉罐头、烈性酒和啤酒。克罗地亚"波斯图普"和"丁加奇"牌葡萄酒及部分奶酪、李子酒等产品享有专有地保护商标。与克罗地亚制造业的其他行业相比，食品工业（包括食品和饮料）总收入最高，雇用人数最多。食品工业吸

---

① 吴素梅、顾佳丽编著:《"一带一路"国别概览——克罗地亚》，大连海事大学出版社，2019 年，第 90—91 页。

引了大量的外国投资，许多国际公司在克罗地亚经营成功，如美剂乐（Meggle）、Axereal、可口可乐、兰特黎斯（Lactalis）等。该行业盈利最高的是牛奶和奶酪的生产和加工、啤酒酿造、茶叶和咖啡加工以及软饮料生产。克罗地亚食品工业最重要的分支之一是糖果业。食品工业的重要出口产品是食品添加剂、饼干和糯米饼、填充巧克力、罐装鱼、速溶汤、橄榄油、啤酒和其他酒精饮料。① 以上是克罗地亚农业和食品制造业的大致情况。

尽管克罗地亚的农业和食品制造业在克罗地亚经济中占举足轻重的地位，尽管斯拉沃尼亚曾经有"面包篮"的美誉，但事实上现在的克罗地亚却是依赖于食品进口。克罗地亚农业资源本来是十分丰富的，有优质农田、充足的水源以及非常多样化的气候和景观，现在却不能生产足够的食物来满足自己的需求，每年要进口大量食品。

每年克罗地亚从欧盟基金和国家预算中花费越来越多的资金，用作所谓的农业生产激励。但是投入与实际产出非常不成比例。2005 年至 2017 年期间，克罗地亚农业投资 440 亿库纳，平均每年 32 亿库纳。克罗地亚农业产值却连续多年下滑或停滞，在加入欧盟之前农业总产值为 210 亿库纳，现在还不到 170 亿库纳。因此有人总结了克罗地亚在农业领域面临的、多年未解决的一些问题。

---

① 吴素梅、顾佳丽编著：《"一带一路"国别概览——克罗地亚》，大连海事大学出版社，2019 年，第 92—94 页。

第一，克罗地亚对于自己想要从农业生产中获得什么，以及许多农村地区的未来没有清晰的规划。第二，由于人口危机，克罗地亚农村地区人口大量减少。第三，土地作为农业生产的主要资源，管理不当，因此克罗地亚的农庄仍然小而分散。第四，农民、加工业和零售业之间的垂直价值链断裂（大型综合系统除外），食品加工业严重依赖进口原材料。第五，生产效率相对低，在一些领域克罗地亚生产效率是欧盟国家中较低的，但劳动力成本仍然相对较高。第六，克罗地亚的技术已经过时，但是引进食品质量和安全标准很高。第七，农业生产者往往技术装备较差，而且年龄和资历也没有优势。第八，灌溉、储存、冷藏、物流等公共基础设施薄弱。第九，与科研机构和学术界的合作水平较低。第十，信贷可获得性较低，税收负担较高。第十一，解决农业问题的行政服务亟待提高。

在新冠疫情时期，克罗地亚处于决定其农业政策进一步发展的关键时刻。克罗地亚等待欧盟修订农业资金支付系统，并面临欧盟共同农业政策的变化。专家认为，克罗地亚必须从生产开始，为本国人民提供粮食，确保粮食安全，防患于未然，因为这是一个自给自足和国家安全的问题。

另外，克罗地亚食品行业的竞争力也不容乐观。与克罗地亚食品工业相关的多项数字都有下跌。2014 年食品工业占克罗地亚 GDP 的比重为 4%，2017 年降至 2.9%。制造业占 GDP 的比重也有所下降，从 2014 年的 26.9% 降至 2017 年的 22.5%。制造业中的就业人数占总就业人数的比例停滞在 20% 左右，其中食品工业停滞在 3.6% 左右。2019 年底食品制造业员工总数为 47 275 人，较过去几年有所减少。

分析数字显示，克罗地亚食品行业生产力低下的原因之一是研发投入不足。研发投资仅占产值的 0.13%，而欧盟平均水平为 0.23%。欧盟委员会在其促进经济发展的一揽子措施中，为农场预备了最高 10 万欧元的补助金，而为食品制造商预备了高达 80 万欧元的补助金。但是有关人士称，克罗地亚尚未像一些欧盟国家一样采取严肃的举措来促进食品工业的发展，建议按照欧盟模式为食品行业建立一个论坛，邀请食品工业链条中的所有利害相关者，以此为途径寻找能够增强行业竞争力的解决方案。

有专门从事农业和食品行业的咨询公司表示，克罗地亚还需要通过强有力的措施，提高开发新产品和创新的投资，改善投资环境，及时制止克罗地亚食品行业竞争力的下降，才能跟上欧盟的激烈竞争。同时，克罗地亚更需要尽一切努力减少该行业面临的额外准财政费用。

克罗地亚的经济由于经济危机和国际形势起起伏伏，造船业面临的竞争较为激烈，但是仍然能为本地和其他地区创造就业机会，在克罗地亚经济领域的地位依然可以说是能够让人乘凉的"大树"。然而克罗地亚农业发展形势严峻，需要大量进口食品，食品制造业竞争力也在下降，这些都需要政府采取措施缓解现状，毕竟"民以食为天"。

🏛 这里的人们

　　克罗地亚人口分布不平均，如今将近三分之二的人口生活在克罗地亚领土三分之一多一点的地区。人口最密集的城市是萨格勒布，萨格勒布的人口占克罗地亚总人口的 18%，而且近几十年人口密度一直在增加。人口密度最小的地区是利卡–塞尼县，人口只占克罗地亚总人口的 1%，且人口密度在过去的三十年间一直在下降。

　　总体上看，人口密度最低、下降最多的是农村地区以及交通不便利的地区，比如高地（里卡、戈尔斯基科塔尔）、小岛、达尔马提亚内地、偏远且不容易到达的克罗地亚中部地区，以及1991 年至 1995 战争之后的斯拉沃尼亚。因此克罗地亚目前的人口分布不均。萨格勒布、斯普利特和里耶卡这些大城市的人口在增加，人口密度也相应增大，主要归因于附近卫星城市人口的增长。在伊斯特拉、克瓦内尔和达尔马提亚的一些中等大小的海边市镇，人口也有所增加。近些年部分人口，特别是退休人口，会从大城市迁到海边的另一套房子，有些迁移是季节性的，有些是永久性的。

民族组成调查显示，克罗地亚是一个单一民族国家，克罗地亚族占人口的 90.4%。最大的少数族裔是塞尔维亚族（4.4%），其余 21 个民族人口很少。塞尔维亚族早在 16 世纪初就开始移民到克罗地亚，他们定居在前战区边界（里卡、巴诺瓦、科尔敦、达尔马提亚北部部分地区、东斯拉沃尼亚和西斯拉沃尼亚），后来也去到较大城镇。由于 20 世纪 90 年代爆发战争，塞族人迁离克罗地亚，塞族人口比例急剧下降。内战结束后，一部分塞族人迁回克罗地亚。

波什尼亚克族（0.7%）是第三大族裔，他们主要定居在城镇。1878 年，奥匈帝国占领波斯尼亚和黑塞哥维那，此后波什尼亚克人大量迁入克罗地亚。二战之后，特别是六七十年代经济萧条时期，波什尼亚克人也曾大量迁入克罗地亚。意大利族（0.4%）主要居住在伊斯特拉和里耶卡，一部分居住在西斯拉沃尼亚。匈牙利族（0.3%）居住在东斯拉沃尼亚和巴拉尼亚的村庄，即匈牙利边境。斯洛文尼亚族（0.3%）分散在克罗地亚全境，但在斯洛文尼亚边境数量更多，也就是伊斯特拉、里耶卡、奥帕蒂亚、戈尔斯基科塔尔、萨格勒布和其他大型城镇。阿尔巴尼亚族（0.4%）18世纪开始定居在扎达尔地区。1945年后，阿尔巴尼亚族从科索沃迁入克罗地亚。今天的克罗地亚还有罗马族（0.4%）、捷克族（0.2%）、马其顿族（0.1%）、黑山族（0.1%）、斯洛伐克族（0.1%）等民族。①

　　既然克罗地亚是单一民族国家，克罗地亚人强烈的身份认同感就不难理解了。克罗地亚人也非常为自己的民族身份骄傲，不希望与以往南联盟的其他民族混淆。克罗地亚历经外国统治之后，所形成的身份认同感的主旨，在克罗地亚作家米洛斯拉夫·克尔莱扎（1893—1981）的作品中有充分体现。他是克罗地亚国民意识的塑形者，也是克罗地亚文学的标志。从另一个角度看，对克罗地亚身份的强调也使得欧洲怀疑论在一部分民众的心中生根发芽。

　　一方面是强烈的克罗地亚身份认同感，另一方面可能还有历史的缘故，使得有的克罗地亚人遇到来自塞尔维亚、波斯尼亚、斯洛文尼亚的人或者巴尔干地区其他地方的人，会感到不快。但是很多克罗地亚人很清楚克罗地亚的一部分也在巴尔干地区，不会歧视更不会敌视巴尔干其他国家的人。塞尔维亚族是克罗地亚人数最多的少数民族。由于历史原因，一部分克罗地亚人认为与塞尔维亚的关系应该正常化，建立贸易关系，将塞尔维亚看作最好的市场之一。另一部分人则认为克罗地亚应该和塞尔维亚保持

---

　　① 参见米洛斯拉夫·克尔莱扎词典编纂研究所（The Miroslav krleža Institute of Lexicography）官网。https://croatia.eu/index.php? view=article & lang=2 & id=15.

距离。不过克罗地亚人更普遍持前一种观点，因此塞尔维亚人依然可以正常拜访克罗地亚，商业往来和贸易都在正常发展。考虑到历史上的种种纷争，外国人要想和克罗地亚人提及政治问题，必须十分谨慎。这并不难理解，如果不了解别国的情况而贸然发表观点，结果往往是"话不投机"。

事实上，只要外国人态度友好，克罗地亚人普遍是非常热情好客的。如果来访者可以说简单的克罗地亚词汇，比如 Dobar dan（日安）、Hvala（谢谢）、Kako ste（你好吗），克罗地亚人可能会很高兴。

然而不是所有的克罗地亚人都会对外国人笑脸相迎。随着自由市场经济体制的引入，很多克罗地亚人因经济不景气的原因将房产卖给外国人。所以有些克罗地亚人认为外国人来到克罗地亚是为了购买或者侵吞土地资源，发展外国企业，甚至是享乐。这种观点并不普遍，但可能存在于一些小岛上。但是有"看不惯"的外国人，就有"顺眼"的外国人。由于德国曾经在克罗地亚战争期间提供了援助，克罗地亚人往往对德国人比对英国人、法国人更热情，对来自斯堪的纳维亚半岛的人也更热情，因为很多克罗地亚人曾经逃亡到那里。①

从某种程度上看，克罗地亚人对待外国人的态度证明了，他们与其他任何国家一样深受历史影响。德国给予过克罗地亚帮

---

① Ban, Irina and Ronder, David. *Croatia*. Higher Education Press, 2017, pp. 45-46.

助，克罗地亚人将这一点记在心间。塞尔维亚与克罗地亚之间爆发过战争，克罗地亚人与塞尔维亚人相处可能就会更谨慎。除了历史以外，信仰也对克罗地亚人有着极其深远的影响。

在克罗地亚，圣母玛利亚是神圣不可亵渎的，可见天主教信仰在国民心目中的地位。16 世纪，德国的路德宗教改革开始。后来克罗地亚也产生了宗教改革理论家，宗教改革运动在一定程度上促进了克罗地亚民族意识的觉醒和民族文化的发展。然而，天主教会无法容忍这股思潮的蔓延。天主教会在哈布斯堡王朝的保护下发动了反宗教改革运动。1598 年，时任施蒂里亚大公的未来哈布斯堡王朝君主斐迪南二世（1619—1637 年在位）动用国家机器强制"迷途"的国民回归天主教，违者驱逐出境。17 世纪初，欧洲宗教改革的余波已经在克罗地亚绝迹，天主教会成为哈布斯堡帝国唯一合法宗教。

两次世界大战期间，克罗地亚的天主教影响锐减，因为在南斯拉夫最有威望的是东正教会。第二次世界大战期间，一些天主教神职人员甚至支持德国军队，主张推翻南斯拉夫体制。20 世纪 50 年代以后，基督教世界发起了教会联合运动。克罗地亚和邻国斯洛文尼亚天主教组织与塞尔维亚东正教会之间开始进行对话，但宗教信仰不同仍是当时南联盟各共和国之间民族隔阂产生的主要根源之一。

90 年代初，克罗地亚宣布脱离南联盟。90 年代起，天主教在克罗地亚的主导地位得到恢复。1998 年，罗马教皇约翰·保罗二世（1920 — 2005）访问克罗地亚。天主教亦是全国最大的宗教。①

对天主教会的归属感甚至与克罗地亚国民自豪感紧密相连。数据统计显示，目前95%的克罗地亚人信仰罗马天主教。在一些地区，特别是小镇、村庄或小岛，一个好的克罗地亚人的定义几乎等同于一个好天主教徒。尽管教会和国家在宪法上是分开的，但教会布道经常涉及政治，政客在教会节日或宗教庆祝活动的存在感也很强。克罗地亚人通常每周去一次教堂，教堂也是社交的地方，教堂周围的咖啡厅周日光顾的人更多。在天主教节日去教堂是必不可少的，这除了关乎宗教信仰，更是彰显国民身份感。

天主教在克罗地亚不是唯一合法的宗教，克罗地亚同时存在其他隶属于基督教的宗教或其他宗教，但是一般说来，克罗地亚人普遍较为传统，新教徒可能被认为"与众不同"。尽管克罗地亚人并非反对其他信仰，但很多人不愿看到自己的孩子与非天主教信仰的人结婚。部分年轻人认为天主教的教条老旧且很有局限性，在他们中间佛教哲理可能很受欢迎。②

天主教在克罗地亚有着悠久的历史，全国信仰天主教的人数也最多。众所周知，宗教与文化密不可分。在天主教文化中，或者更宽泛地说，基督教文化中，圣诞节等节日及其庆祝活动是人

---

① 于沛：《斯拉夫文明》，福建教育出版社，2008年，第390页。

② Ban，Irina and Ronder，David. *Croatia*. Higher Education Press，2017，pp. 55-56.

民喜闻乐见的，也是国民文化中不可忽视的一方面。

在克罗地亚，圣诞节、复活节等重大节日，有传统的庆祝仪式。除了所有人都休假的公共假日，地方还有未写进日历的地方庆祝日，比如守护当地的圣人的纪念日、渔民庆祝日。多数商家、果蔬市场、商店、购物中心在公共假日不营业，侧面反映出在克罗地亚文化中，节假日的重点是休息，而不是工作，哪怕工作能带来比平时更高的收入。这种现象也存在于其他一些基督教国家。

万圣节是克罗地亚另一个来自天主教传统与文化的节日。人们在这一天纪念教会的殉道者和过世的爱人，去墓地献花，点蜡烛。

每个国家最重要的节日之一必然是国庆日。克罗地亚国庆日是 6 月 25 日，纪念 1991 年的这一天，克罗地亚议会做出有关宪法的重大决定，投票建立拥有独立主权的克罗地亚共和国。另外两个最重要的公共假日是独立日和胜利日。

克罗地亚的独立纪念日是每年的 10 月 8 日，这一天是为了纪念 1991 年克罗地亚议会决定终止与南斯拉夫社会主义联盟共和国的宪法联系，正式宣布独立，这一天是公共假日。胜利日和国家感恩节是每年的 8 月 5 日，这一天是为了纪念克罗地亚军队在 1995 年的"风暴行动"中取得的胜利。每年的这一天对人民来说依然是让人动容的一天。

还有一个节日是每个克罗地亚人都可以庆祝的，那就是命名日。对克罗地亚人来说，命名日是个重要的日子。老一辈克罗地亚人对命名日的看重程度甚至高于生日。命名日是根据天主教圣徒日历，以某位圣徒的名字命名的日子。许多克罗地亚人的名字来源于圣徒，因此他们会庆祝与自己名字相关的命名日。命名日这一天，庆祝命名日的人要给家人准备一顿饭，通常是晚饭。亲朋可以送葡萄酒和鲜花等礼物给庆祝命名日的人。但是相比之下，年轻一代则更看重自己的生日。在克罗地亚，很多人过生日喜欢带蛋糕和肉类冷拼盘到工作单位，和同事分享，同事也会集资为过生日的同事买一个小礼物。亲密的朋友有可能受邀到家里或去餐厅聚餐，大家都准备礼物。一般来说，过生日的人要为这一餐付全款。

相比之下，克罗地亚人的婚礼庆祝就更为特别了。克罗地亚人的婚礼聚会一般分为两类：一类是大型的、热闹的活动，一类是安静的私人聚会。新人可以选择民间仪式或教堂仪式，或者两者兼有。如果在教堂举行仪式，则无需额外举行民间仪式，这一点与其他国家类似。最受欢迎的、举办民间婚礼的场所是萨格勒布老市政厅，通常排队时间较长。尽管工作日举办婚礼的价钱低于周末，人们依然最爱在周六举行婚礼。婚礼当天小汽车鸣笛宣布新人结为夫妻。汽车用彩带鲜花装饰，车窗插上小旗子。

教堂仪式是传统仪式，是很常见的。克罗地亚人遵守传统，婚礼时往往奉上丰盛的婚宴。在乡间，大多数村民都来参加婚礼。在市区，婚礼为分散居住的亲属提供了团聚的机会。因此，两三百人参加婚礼仪式，并不罕见。现场有乐队、美食美酒、各色甜点，以及给新人的礼物或礼金。夫妻双方的父亲纷纷"炫耀财力"，试图"一争高下"。常见新婚礼物包括家具、电器、技术设备。一般来说伴郎要送最大的礼。有的新人会向宾客提供他们开始新生活所需要的物品的清单，客人自行商讨如何分配。

婚礼之后，人们就正式组建了自己的家庭。家庭在克罗地亚人心中的地位是很重要的。克罗地亚社会较为传统，男人往往是一家之主，为全家负责，也受到全家人的尊敬。克罗地亚人的家庭关系紧密，结构类似以前的部落家族。男人看似在家庭中的地位高于女性，但是一句著名的克罗地亚谚语说，"女人掌管房屋的三个角落，男人只管一个"。这句话表明了克罗地亚社会中女性的重要性和在家庭中的关键作用，但同时也说明了女性从属于家庭。这种现象在年轻一代中有了变化，男性也会分担家务和承担照顾孩子的责任。男性可以休陪产假，女性也可以像男性一样参军，可以当飞行员。

家庭对克罗地亚年轻一代来说仍然重要，但是家庭关系不那么正式了，而是更随意。年轻一代更独立，乐于去改变，愿意尝试新鲜事物，即使是不同寻常的甚至离经叛道的事物。属于家庭的节日是一定要庆祝的，比如命名日和教会节日。克罗地亚的孩子普遍都有教父教母，教父教母也被视为家庭成员，会一起庆祝家庭的节日。这样的庆祝活动会年复一年举行，随着时间的推移，让家庭关系更亲密。

克罗地亚人还会在工作场合聊天的时候提到家庭和孩子、一日三餐和周末的休闲活动。钱包里放着孩子或者伴侣的照片是很普遍的事情。克罗地亚人很喜欢聊家庭，聊家庭是开始对话或者打破沉默的好办法。甚至在商业上，家庭之间的关系也意义重大，因为家族企业屡见不鲜，特别是在医药、牙科、法律、餐饮等领域。[①]

克罗地亚这个民族的文化整体上隶属于欧洲文化，由于在历史上饱经磨难，多次被外族入侵和占领，所以他们文化的方方面面不可避免地受到其他民族文化的影响。

克罗地亚历史上有世界知名的科学家，也有音乐家和运动员。想要培养杰出的人才，多年的教育是必不可少的。十年树木，百年树人。下一章将介绍克罗地亚教育体系及其优势和特色。

---

① Ban，Irina and Ronder，David. *Croatia*. Higher Education Press，2017，pp. 41-53.

⛪ VET，教育体系的一面旗帜

　　教育是每个国家都不容忽视的重要事业，克罗地亚国民受文化教育程度较高，国家具备较为完整的教育体系，包括学前教育、初等教育、中等教育、高等教育、成人教育、少数民族教育和特殊教育等。

　　学前教育的对象是 3—7 岁的儿童。儿童可以进托儿所、幼儿园接受学前教育，也可在家接受教育。克罗地亚全国普及实施八年制义务教育，即初等教育，分为低年级和高年级两个阶段，各占四年。学生一般 7 周岁入学，15 周岁毕业。初等教育从小学五年级开始学习理化生、数学和技术教育等科目。重视外语教学，教学计划规定从五年级起学外语，实际上许多小学从三年级便开设外语课。

中等教育包括中学、职业学校和艺术学校，学制均为四年。中学又可分为普通学校、语言学院、文科学校和理科学校。普通中学教育分两个阶段进行，各为两年。第一阶段为普通教育，以一般性综合教学为主，适量的专业教育为辅，使学生掌握广泛的综合性基础知识，达到一至二级技术水平以参加简单工作。第二阶段按不同专业进行教学，以学习专业课为主，一般性知识课程为辅。学生毕业后既可立即参加工作，亦可报考高校。

高等学校（大专）学制两年，学生毕业后亦可进入本科院校继续学习。一般来说，大学的学习时间都是 8 个学期，个别专业或长或短，研究生学习时间分 4 个学期或 6 个学期。报考硕士或博士要求大学每门课程平均得分在 3.5 分以上（满分 5 分），并有两份大学教授的推荐信，通晓两门外语，毕业时完成毕业论文，通过答辩，还有些专业需要进行实践，才能取得学位。目前，克罗地亚的大学主要有萨格勒布大学、里耶卡大学、斯普利特大学、奥西耶克大学、扎达尔大学、杜布罗夫尼克大学和普拉大学这 7 所。

成人教育对象是具有中等文化程度的成年人，分为正式和非正式两种。政府只对正式的成人教育负责，并监督相关机构的工作。克罗地亚就业服务局对失业者或由于工业结构改革而产生的潜在失业者提供培训和指导，但因财政预算困难，这些措施非常有限。

少数民族聚居地设有少数民族中小学，少数民族用本民族语言进行教学，有需要的地方还设立了双语学校，使用有关该民族历史和文化的教材。

残障人士基本上都能在专门的学校学习。[①] 这就是克罗地亚教育体系的总体情况。

关于教育，特别值得指出的是高考。高考是一个人的教育生涯中浓墨重彩的一笔。据说浙江省高考选考的制度便是借鉴自克罗地亚高考制度，这一点可推测克罗地亚的教育事业有其可取之处。自 2009 年起，克罗地亚在全国推行统一的大学入学考试，也就是我们耳熟能详的"高考"。克罗地亚的高考是一种介于统一考试和高校自主招生之间的考试模式。

克罗地亚国家统一命题的高考科目包括克罗地亚语、数学、外语这三门课程的考试。克罗地亚语的水平也分为 A、B 两个等级，外语考试允许学生自己从英、法、德、西、意、俄等语言中任选一种。参加高考的学生必须是高中三年级学生。考试设置最低分数线，达不到最低分数线的学生不能被大学录取。

克罗地亚学生在参加高考时能做出多种选择。除了多种语言能力测试可供选择之外，学生可根据自己的兴趣和将来想要报考的专业方向参加专业考试。克罗地亚政府针对不同的专业方向曾经设立过十六门课程。想报考工程系的学生就必须参加克罗地亚语、外语、数学三门考试，以及自然科学这门课程的考试，而报

---

① 左娅:《克罗地亚》,社会科学文献出版社,2007 年,第 260—264 页。

考法律系的学生则要参加基本法理课程的考试。这种专业考试类似职业技能类考试，但侧重考查学生在该领域的知识储备和学习能力。然而"狡兔三窟"，基本所有学生都会参加两至三门的专业考试。甚至有学生参加了十门专业考试。

虽然克罗地亚教育部将所有考试的时间都分开，给学生提供了公平的考试机会，但是由于学生兼顾多门学科考试，结果多而不精，所有科目准备都不充分，有时竹篮打水一场空。针对这种情况，克罗地亚教育部将专业类考试的科目由十六门大幅削减至六门，将很多科目合并。比如合并物理、化学等自然科学类考试，剔除国际时事、政治等学科的考试。克罗地亚教育部认为，将之前细化的考试科目合并缩减成宏观的科目，着重考查学生分析和解决问题的能力，而不是简单地考查学生对相关领域知识的掌握，可以在一定程度上减轻学生的备考负担。

学生完成专业类考试后，还需参加由大学自主命题的相关专业考试。也就是说，国家组织的高考只是为大学指明方向，同时减少高考专业科目赋予了大学更多的自主权。[1]

除了先进合理的高考制度，克罗地亚教育体系中还有一个可圈可点的部分。

克罗地亚的职业教育与培训（vocational education and training，简称"VET"）也颇具特色，是受国家重视的教育培训体

---

① 赵嘉政.克罗地亚高考:减少考试科目.光明日报.2011 年 1 月 11 日.

制。多年以来大约 70% 的高中生参加 VET，但在过去的十年间，三年制学徒项目的学生数量和比例减少了一半以上。即便如此，在欧盟，克罗地亚的 VET 提前退学率也是最低的，可见 VET 在克罗地亚是相当成功的。

克罗地亚的 VET 有两个主要意义。一方面为年轻人进入劳动力市场作准备，另一方面他们还可以通过四年制的 VET 项目进入高等教育。在该项目中，学生要用大约一半的时间获得基本技能。近 80% 的四年制 VET 毕业生参加会考，约 60% 的 VET 毕业生继续接受高等教育。所以接受 VET 教育培训并不意味着必须进入劳动力市场，而是可以继续去大学深造。

在 2017 年，克罗地亚高中阶段 VET 的参与水平是欧盟国家中最高的之一，达到 69.6%，而欧盟平均水平为 47.8%。所有 VET 中都包含基于工作的学习，而工作实习主要存在于学徒项目中。克罗地亚的 VET 早退率在 2018 年为 3.3%，是欧盟最低的国家，欧盟国家的早退率平均为 10.6%。

所有 VET 学校的学生都可以获得辅导服务。克罗地亚立法要求学校聘请心理学家或教育学专家，他们监督教学过程和课外活动。大多数学校都聘请这两种类型的辅助人员，当然还有一些其他专业人士帮助学生解决学习上的困难。

克罗地亚 VET 学校要求严谨，其自我评估就是为了保证质量。学校借助综合在线工具系统地收集信息并跟踪 VET 学校的质量改进过程，学校之间亦可进行比较。

2008 年，克罗地亚开始 VET 课程改革，引入了基于单元和学分的资格证书和以学习成果为导向的模块化课程。新课程以与雇主合作制定的职业和资格标准为基础。先前的非正式学习也准备纳入这个系统。

数据显示，克罗地亚青年失业率正逐渐下降。2018 年 15—24 岁青年的失业率为 23.8%，2018 年 15—24 岁青年既未就业又未参加 VET 的比例降至 13.6%。青年保障计划有望帮助年轻人在离开学校或失业后的四个月内就业、成为学徒、实习或有机会继续接受教育或培训。克罗地亚在 2014 年 10 月出台"教育、科学和技术战略"，之后又出台了"2016—20 年 VET 发展计划"，旨在提高克罗地亚公民的技能和能力以及该国的经济竞争力。

近年来，克罗地亚的 VET 教育培训面临几项挑战，政府也制定了相应政策应对挑战。

第一项挑战就是 VET 要不断改革，努力更新课程，以便更符合劳动力市场的需求，还要提高基于工作的学习的比例及其成果质量。过去的几年间，克罗地亚一直在欧盟结构性基金的支持下，加大力度扩大 VET 改革，特别强调课程改革与发展，以及改进基于工作的学习。政府采取的措施包括制定发展计划，旨在使 VET 与劳动力市场需求保持一致、开发新课程和加强基于工作的学习的模式。

然而另一个挑战就是克罗地亚 2018 年成人学习或继续培训的参与率为仅 2.9%，在欧盟中处于最低水平。作为激励措施，政府以税收减免的形式为企业家提供高达 60% 的成人教育和培训费用，为中小企业提供的相关费用比例更是高达 80%。然而，由于缺乏意识，同时相关行政程序较为复杂，企业的 VET 参与率很低。

另外，还有一些其他因素限制了克罗地亚 VET 的进展。自 2013 年以来，由于人口自然负增长，同时克罗地亚自 2013 年加入欧盟以来移民人数不断增加，克罗地亚人口下降了 3.7%。[①] 而且克罗地亚与许多其他欧盟国家一样，人口正在老龄化。

除了人口发展趋势不利，其他因素还包括 VET 入学管理规则相对过时，学生及其家长更偏向进入高等教育，同时手工业和工业不景气，这些情况都对三年制 VET 高中课程的入学率产生了重大影响。在过去几年中，三年制 VET 课程的入学率急剧下降，反过来也反映了高中生总体人数的下降。具体而言，完成三年制课程的学生人数从 1998 年的 21 000 人下降到 2017 年的 9965 人，在高中毕业生中的比例从 40% 下降到 22%。

此外，只有少数 VET 提供少数民族语言教育，可选语言包括塞尔维亚语和意大利语，其次是匈牙利语。这些 VET 学校位于少数族裔人数较多的地区。

克罗地亚 VET 项目还受到经济上的影响。中小企业对克罗地亚"非金融商业经济"的贡献至关重要，他们可以参与 VET，提

---

① 截止到 2019 年 4 月。

供实习、学徒机会。2017年，中小企业创造了60.8%的总附加值和68.1%的就业，超过了欧盟的平均水平。2017年，商业注册热潮仍在继续。注册企业16 759家，比2013年增加8.3%。中小企业集中在萨格勒布、斯普利特、里耶卡、奥西耶克等主要城市中心及其周边地区。

各工业总收入数据表明，食品、饮料、烟草、化学和石油工业都是主要工业部门。旅游业是经济的重要驱动力，产生了强大的倍增效应，并延伸到其他经济领域。2014—2020年ESF高效人力资源运营计划确定了VET的五个优势领域：旅游和酒店业、机械工程、电气工程和信息与通信技术、医疗保健和农业。这些经济学上的统计结果都会影响到VET的发展和改革。手工艺、医疗保健、旅游、交通等职业都可以说是与VET相关的。

了解了克罗地亚VET的大致情况，我们来看看关于VET学生的一些数据。需要先说明的是，克罗地亚VET可分为初级职业教育与培训（简称"初级VET"）和继续职业教育与培训（简称"继续VET"）两个阶段。2017年，有55%的男生参加了初级VET，而女生则为45%。男生参加三年工业课程的较多，而女生参加五年普通护理护士课程的较多。一般来说，所有初级VET学生的年龄都在19岁以下，但有一些例外，比如残疾学生。大多数继续VET学生处于25—34岁和35—44岁两个年龄段。

接着，我们来看克罗地亚VET的实施方式。克罗地亚高中教育已经包括VET项目，比如普通体育项目、艺术教育以及初级

VET。如果高中的普通教育、艺术教育和四年制 VET 毕业生在毕业国家会考中取得合格的成绩，便有机会进入高等教育。VET 毕业生可以选择在完成四年制和五年制课程后参加会考，会考由国家教育外部评估中心与各地高中合作监管。会考的意义有三：一是普通高中毕业的要求，二是所有学生（包括 VET 毕业生）的高等教育本科入学考试的要求，三是对学生能力和成果的外部评估。国家会考考试仅在普通教育科目中进行，分为必考和选考考试。必考科目包括克罗地亚语、数学和外语考试，学生可以选择参加 A（高级）和 B（初级）两个级别的考试。选考考试科目由国家外部教育评估中心按学年确定。高等教育机构独立设置考试成绩要求。

大多数初级 VET 课程是三年或四年制课程，通过这些课程可以获得正式的高中 VET 资质。这些课程项目主要是以学徒形式或者学校教育为基础，让学生在实习地接受培训。普通护理护士是一个五年制课程，分为两年普通教育培训和三年 VET 教育培训，其实施模式不同于其他 VET 课程。四年制 VET 课程中，普通教育和 VET 比例大致相同。如果学生成功通过统一会考，就有升学机会。大多数为期三年的课程都是以学徒制形式提供的，学生在学成后进入劳动力市场。想要升读高等教育的毕业生需要参加一到两年的衔接课程，才能够参加会考。

学徒是克罗地亚 VET 中重要的一类。自 2004—2005 学年起，学徒课程项目在为期三年的手工艺行业初级 VET 项目中开始实施，也称为"统一教育模式"。统一教育模式由两部分组成，分别是普通教育部分和学徒部分。学徒包括专业理论部分和实践训练。基于实际工作的学习约占该项目的 60%。

学徒机会提供方通常是经许可为学徒提供实践培训和操练的商业实体，例如手工艺工作坊、贸易协会、机构或合作社。学徒机会提供方必须确保学生在实际工作环境中能够获得能力提升，比如要资质合格，师资充分，这样才能获得许可。

统一教育模式项目下的学生既是普通学生，又有学徒的身份。入学要求完成初等教育（参照国际教育标准分类），证明健康状况，以及与已获得许可的学徒机会提供方签订过学徒合同。如果学生未达到法定年龄，则学徒机会提供方与学生父母或监护人签订书面学徒合同。这不是雇佣合同，但规定了学徒机会提供方每月向学生支付奖励的义务。

许多单位都参与了统一教育模式的实施。科教部全面统筹管理，决定招生名额，审批 VET 课程。手工业部也参与管理，监管学徒机会提供方的审批程序，维护数据库，设定学徒合同的最低条件，保存合同记录。VET 和成人教育局负责组织学徒期满考试。贸易和手工艺商会向学徒机会提供方颁发许可证，并公布获得许可的学徒机会提供方名单。学徒机会提供方为学生提供实践训练。VET 学校招收学生，组织实践作业的演示，并颁发结业证书。

统一教育模式在九个领域提供教育培训：农业、食品和兽医学；林业和木材技术；纺织品和皮革；机械工程、造船和冶金；电气工程和计算；建筑和大地测量学；经济和贸易；旅游管理；个人订制服务等。在2018—2019学年，9830名学生参加了由100家VET学校提供的42个统一教育模式课程，占所有中学生的6.7%，占所有VET学生的10.1%。但是统一教育模式课程的参与率正在稳步下降，在过去十年中，学习统一教育模式课程的学生在所有VET项目中的数量和比例下降了一半以上。

了解完VET的实施情况，我们来看克罗地亚VET的师资。在师资方面，克罗地亚VET有普通学科教师和职业培训师。一般科目的教师，比如数学、英语等学科教师入职须满足教育部规定的要求，既有学历要求，又有教学能力的要求。

初级和继续VET教育的教师和培训师分为职业理论科目教师、实践培训教师、职业教师和教学助理。职业理论科目教师入职有学历要求，还须完成教育心理学等科目的学习；实践培训教师要求有大学本科或专业学位和教学能力，并有相关的职业资格；职业教师需要达到中学及以上学历，有相应教学能力和至少五年的相关职业工作经验；教学助理要求具有中学学历、教学能力和至少五年的工作经验。个别职业课程有不同的规定。

在三年的统一教育模式VET项目中，学徒机会提供方必须指派一名导师，通常是一名合格的工作人员，在学徒实践期间陪伴学徒。导师可以是：工匠大师；与通过大师级工匠考试并通过教学基本知识考试的人员享有同等权利的人员；具有相应高中学历的人员，其手工业企业在特定地区注册过，具有三年相关专业工作经验，并通过教学基本知识的考试；具有相应的高中学历和至少十年相关专业工作经验，并通过教学基本知识考试的人员。

在初级 VET 学校，大约有 12 000 名教师、培训师和助教。由于 VET 教师缺乏在职培训，或者难以招聘到合适的师资队伍，部分职业科目的教学由不具备相应资格的教师担任。

克罗地亚 VET 教师须接受在职培训，在职培训主要由 VET 及成人教育管理局组织，课程目录每年更新。VET 学校也须提供内部员工发展活动。教师在职培训的差旅和住宿费用一般由 VET 学校承担。然而总体而言，VET 教师在职培训的经费普遍不足。除了国家资助的在职培训外，一些专业协会和其他非政府组织、公立开放大学和手工业商会也向 VET 教师提供在职培训。这样的继续教育体系能够促进教师、职业培训师和教学助理的职业发展。

在教育方面取得杰出成就的 VET 教师可以获得相应奖励。克罗地亚的《中小学教师晋升条例》对职业晋升进行了规范，教师可以取得导师、顾问等职位。条例规定了晋升等级、条件和方式。专业知识和教学卓越性的评价条件包括：教学成果（如教学中的方法创新、教学中最新方法的应用和前沿知识获得等）；是否参加过校外专家工作（例如在县级以上的教师培训活动中授课，指导学生等）。

克罗地亚十分重视 VET 质量的保证。学生能力和 VET 学校都要接受相关政府部门或者其他机构的外部评估，课程、学徒制的组织和实施、熟练工考试都有质量评估机制。VET 学校每年进行一次自我评估，在六个领域内进行，分别为工作规划、教学支持、学习成果、物质和人力资源（包括教职工的持续专业发展）、VET 学校内部以及与相关部门的合作和行政管理。

另外，克罗地亚为了刺激 VET 的发展，设置了学徒津贴。克罗地亚已经立法规定了三年的手工艺和贸易 VET 项目的学徒合同需要按照法律规定设置学徒津贴。2018 年，各部门向劳动力市场短缺的 VET 项目学徒颁发了 3020 个奖学金，总金额约 360 万欧元，与 2017 年的 280 万欧元相比有大幅增加。符合条件的项目是在全国范围内确定的。不光国家机构，地方社区以及专业协会和私营公司也为学徒提供奖励和津贴。

为三年 VET 项目学生提供学徒机会的公司可以享受减税优惠政策。每年在其场所培训一到三名学生的企业家可以将其应税收入减少 5%。每多培训一个学生，应税收入相应减少一个百分点，最高减少 15%。

最后来了解一下克罗地亚 VET 监管指导。克罗地亚就业服务局负责组织活动，为中小学（包括 VET）高年级的学生提供信息、指导和咨询。近年来，就业服务局组织了一个由 13 个职业信息和指导中心组成的区域网络，便于有针对性地提供指导和咨询。经验丰富的顾问提供免费咨询指导服务，在开放日和招聘会上对学生和家长进行指导。

在完成学业后可能面临就业问题的学生，比如有发育和健康问题、学习障碍或行为障碍的学生，需要被特别关注。就业服务局特别重视对 VET 相应学生进行职业指导。成绩不佳的中学生也被推荐到专家团队接受职业指导。专家会就教育方式、劳动力市场需求、教育机会以及学生的个人能力和需求等方面给出他们的建议。必要的时候将对学生进行心理评估、面谈和职业健康体检。

克罗地亚每年都对中小学生的职业意向进行一次调查。学校和就业服务局专家团队利用这项调查的结果确定需要进行职业指导的目标群体。调查的汇总结果能够暗示学生未来发展趋势，这些信息将转交给区域和国家层面的教育和就业领域的相关部门。

克罗地亚的 VET 有完善的教学与培训、监管、考核等机制，政府出台了相应的鼓励措施，教师也要不断接受继续教育。学生毕业后的出路并不局限于劳动力市场，如果参加会考并取得合格的成绩，依然可以进入高等教育。这个体系已经十分合理而成熟。所以说 VET 是克罗地亚教育体系的一面旗帜并不为过。

下篇

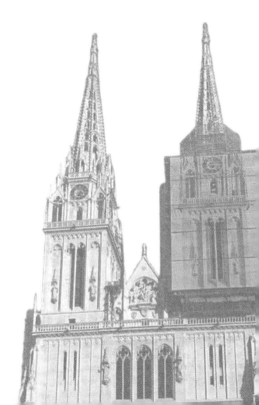

🏛 克浙交流成果丰

近年来，克罗地亚与浙江省的多方面交流合作层层推进，既为两地经济发展作出了贡献，也增进了两地人民间的友谊。克罗地亚与宁波市的交流尤为突出，成果明显，宁波与克罗地亚里耶卡市已建立友好合作关系。

2007 年 7 月 29 日，《浙江日报》报道，时任克罗地亚总统梅西奇会见夏宝龙和代表团一行。双方对自 2004 年建立友好关系以来所开展的合作表示满意，今后将重点在经贸、文化、教育等方面加强交流与合作。①

2010 年 6 月 8 日，"第九届中国国际日用品博览会暨第十二

---

① 《夏宝龙圆满结束对捷克匈牙利克罗地亚的访问回国》，《浙江日报》，2007 年 7 月 29 日。

届浙江投资贸易洽谈会在宁波开幕。商务部钟山副部长出席开幕剪彩仪式，并在克罗地亚驻华大使西莫尼奇和驻克使馆经商参赞钱长永等的陪同下，巡视了克罗地亚展位"。"克贸易投资促进署、经济劳动企业部和商会联合组织了21家企业参展。宁波市政府和宁波市对外贸易经济合作局对克方参展给予了高度重视，不仅向克方提供了具有克文化元素的免费展位，为克方举办了旨在贸易投资推广的'克罗地亚日'活动，还为克展位的开展举办了剪彩仪式。克驻华大使西莫尼奇、克投促署副署长拉比奇、宁波市副市长邬和民、驻克使馆经商参赞钱长永共同出席剪彩仪式。"①

2010年6月9日，在这次宁波举行的克罗地亚商机推介会上，时任克罗地亚贸易投资代表团团长、克罗地亚贸易投资促进署副署长拉比奇向在座企业展示克罗地亚的概况、投资环境和投资优势。琳琅满目的展位让人们快速领略了克罗地亚的优势和特色。克罗地亚代表团展出的商品包括美酒、护理药品、有机食品，除此之外代表团还展示了克罗地亚的旅游画册、交通地图，带来了歌舞表演。此次来宁波的克罗地亚代表团由贸易投资促进署官员及21家克罗地亚企业共46名代表组成，这是克罗地亚第一次组团参加浙洽会、消博会，也是该国第一次在中国举行综合

---

① 参见中华人民共和国商务部网站。《钟山副部长出席第九届中国消博会开幕式并巡视克罗地亚展位》，http://hr.mofcom.gov.cn/jmxw/art/2010/art_2da39914e4404d0f9b94c2e8c1d15808.html。

性经贸活动。克罗地亚的里耶卡市和宁波建立了姐妹城市关系，克罗地亚有望在宁波常设这样的产品展示窗口。

自我推介的同时，克罗地亚经济商会高级顾问贝洁莉卡向宁波企业介绍当地的投资优势。克罗地亚地处欧盟自由贸易区，贸易通畅，又是地中海的交通枢纽，是外贸商品进入中欧和东欧的一个门户。宁波的产品经克罗地亚里耶卡港口进入欧洲市场，要比经鹿特丹、汉堡港口缩减至少五天的航程。此外，克罗地亚基础设施完备，劳动力受教育水平高，能讲多种语言，其国内50%的人可以讲英语，34%的人能说德语，还有很多人能说意大利语，这些利于中国企业在当地投资和发展。克罗地亚有200多个贸易区可供投资，产业涉及电器、物流、食品饮料加工、木制品及家具、旅游业等，投资流程都比较简单，克方向宁波各企业发出诚挚邀请。①

2010年11月5日，宁波市委副书记、宁波市市长毛光烈率宁波市政府代表团抵达克罗地亚重要港口城市里耶卡市考察访问，受到当地政府、商会和友好人士的热烈欢迎。双方就开展经贸、港口、文化等领域的友好交流与合作进行了会谈。毛光烈说，宁波和里耶卡市同为国际重要港口城市，临港工业、贸易和物流在地方经济中占有很大比重，双方互补性强，具有很大的合作空间和潜力，希望双方积极努力，共同推进经贸、港口和物流

---

① 崔凌琳：《克罗地亚在甬尽现魅力》，《宁波日报》，2020年6月9日。

以及教育、卫生等领域合作，促进两地共同发展。①

双方共同签署了《宁波市与里耶卡市加强经贸和港口交流与合作备忘录》，同意加强两市人员互访，在增进了解和信任的基础上，积极推动两市经贸和港口合作，不断丰富交流内容。宁波为里耶卡市在浙洽会和消博会参展提供便利，鼓励双方企业家到对方城市投资设厂，开展贸易。代表团一行实地考察了里耶卡港，并就宁波港与里耶卡港开展友好合作交换了意见。双方认为，两港在所在区域都具有重要战略地位，对拉动当地经济发展具有不可替代的作用。双方同意进一步加强港口合作，积极鼓励港口管理高层互访，推动两港在信息互换和管理培训等领域开展交流与合作，努力推动宁波港与里耶卡港建立友好关系。访问期间，宁波市代表团还与里耶卡经济商会进行了交流，邀请商会组织企业参加下一年的浙洽会和消博会。毛光烈一行还访问了马可波罗贸易有限公司并对他们去宁波投资办厂表示欢迎。

2012 年 1 月 11 日，浙江泰地集团与克罗地亚巴戴尔 1862 酒业公司在萨格勒布就共同投资成立合资酒业贸易公司达成协议，双方公司负责人分别代表双方企业签约。该巴戴尔泰地酒业贸易公司设在浙江，主要经销来自克罗地亚的优质葡萄酒及其他酒类

---

① 徐元平：《宁波市市长毛光烈考察访问克罗地亚里耶卡市》，《宁波日报》，2010 年 11 月 8 日。

饮品。①

2015 年 3 月 10 日，浙江—克罗地亚旅游、经贸座谈会在萨格勒布亚洲饭店举办。②"克方代表分别介绍了本单位职能，推荐重点合作领域和项目，提出了与浙江省乃至中克开展经贸和旅游合作的建议。旅克浙商代表暨克罗地亚海外浙商联络处首任首席代表陈映烈发言表示，将积极发挥桥梁作用，推进中克文化、经贸交流往来和投资合作。浙江省贸促会会长吴桂英介绍了浙江省贸促会及海外浙商联络处的情况。克海外浙商联络处是其海外第 8 个联络处，希望其利用浙江庞大的企业库和各类资源，发挥好作用，推进中克合作。"出席座谈会的克方人士对发展与浙江的经贸合作表示出强烈兴趣，尤其是在旅游和电子商务等方面，他们认为，浙江在该领域有丰富经验。克罗地亚愿与其加强合作，提升电子商务水平。同时，克方也希望浙江企业和企业家到克罗地亚投资，特别是投资能源和基础设施。

2015 年 11 月，"中国—克罗地亚经贸对接会"在宁波举行，为第二年在宁波举行第二届"中国—中东欧国家投资贸易博览会"提前预热。来自克罗地亚的萨格勒布商会会长史拉坦表示，

---

① 参见中华人民共和国商务部网站。《浙江泰地集团与克巴戴尔酒业公司成立合资酒业公司签约》，http://hr. mofcom. gov. cn/jmxw/art/2012/art_015cd5e9cbd84e5da493190fc931bdd0. html.

② 参见中华人民共和国商务部网站。《"浙江—克罗地亚旅游、经贸座谈会"暨克罗地亚海外浙商联络处授牌仪式在萨市举行》，http://hr. mofcom. gov. cn/jmxw/art/2015/art_18aad1d69cd2429eb26736d283291ff4. html.

第二年他也将带领更多克罗地亚企业来到宁波开展商贸交流。宁波代表团曾在 2014 年 10 月到过萨格勒布，2016 年在宁波举行的中国—中东欧国家投资贸易博览会，是推动双方贸易关系更进一步的重要平台。与中国合作带给克商不少惊喜，克罗地亚旅游业人数的明显增长，创新技术的不断突破，沙丁鱼、橄榄油等地方产品销售量不断提升。克罗地亚的最大港口里耶卡港也在积极与宁波港进行合作对接。①

2016 年 5 月 30 日，由中国国际贸易促进委员会、克罗地亚国家商会和中国贸促会浙江省委员会共同主办的"中国—克罗地亚企业家峰会暨中国（浙江）—克罗地亚产业对接洽谈会"在克罗地亚首都萨格勒布成功举办。与会的 180 多位中克企业代表进行具体对接，达成一系列合作项目。②

2018 年 11 月 3 日，浙江省委书记车俊在杭州会见了克罗地亚总理普连科维奇。"车俊对普连科维奇来访表示欢迎。他说，在中克两国关系日益紧密的大背景下，浙江与克罗地亚的友好关系不断拓展。'一带一路'建设进一步打开了双方的合作空间。2018 年是中国—中东欧国家地方合作年"，这一年还举办了首届中国国际进口博览会。"希望双方以此为契机，进一步加强沟通

---

① 《更多克罗地亚企业明年将来宁波开展商贸交流》,《现代金报》, 2015 年 11 月 28 日。

② 参见外交部网站.《中国—克罗地亚企业家峰会暨中国(浙江)—克罗地亚产业对接洽谈会成功举办》, http://www.fmprc.gov.cn/zwbd_673032/gzhd_673042/201606/t20160601_7371540.shtml.

交流，深挖合作潜力，努力在经贸、能源、交通、金融、农业等领域的互利合作上取得更大进展，在文化、教育、体育、旅游等领域的人文交流中实现更大突破，为两地人民带来实实在在的好处。"

"普连科维奇对浙江的热情接待表示感谢，对浙江推行的'最多跑一次'改革表示赞赏。"他说，中国—中东欧国家领导人会晤将于 2019 年在克罗地亚举行，必然推动克中两国友好关系更上一层楼。克方将突出中小企业、文化、旅游等重点，深化与中国的交流合作。浙江与克罗地亚在产业发展上有很多共同点，有很多经验可以相互学习借鉴。希望双方加强交通基础设施、经贸、人文等领域的务实合作，密切企业间的交往交流，努力实现共赢发展。[1]

2018 年 11 月 12 日至 12 月 2 日，"为了贯彻落实《中国—中东欧国家合作布达佩斯纲要》精神，探讨建立经贸官员研讨交流机制，由中国商务部指导，宁波市人民政府主办、宁波市商务委员会承办、宁波海上丝绸之路研究院具体执行的《2018 年 16+1 中小企业合作官员研修班》在浙江宁波顺利举行"。该研修班共有来自克罗地亚、塞尔维亚、斯洛文尼亚等 11 个中东欧国家的 24 名经贸官员学员，在中国开展了为期 23 天的研修活动，重点

---

① 王国锋:《车俊会见克罗地亚总理普连科维奇 袁家军参加》,《浙江日报》,2018 年 11 月 3 日。

围绕"16+1 中小企业合作"主题。[1]

2018 年，宁波从克罗地亚的进口额同比增长了 125.8%，出口额达 8874 万美元，同比提升 23.5%。克罗地亚从宁波进口杀虫剂、除草剂、服装、饰品和纺织纤维等，将白松露、切割木材、酒精、发电机和发动机等出口到宁波。作为欧洲宁波周的一项主要活动，2018 宁波—克罗地亚旅游合作交流会在克罗地亚首都萨格勒布市举行，为双方进一步交流合作打下了坚实的基础。[2]

2020 年 8 月 8 日，由浙江省侨办、浙江省侨联筹集提供的爱心口罩抵达了克罗地亚萨格勒布，当地克罗地亚中国文化基金会有效有序地将口罩分发到侨胞手里。总计约 140 户华人华侨家庭、700 余人收到了这批口罩援助，他们当中有的人是在克留学生，也有的就职于中资企业、孔子学院等。克中文化基金会同时将部分口罩捐赠给克罗地亚当地政府和医院。"卡尔洛瓦茨省也接收了口罩的捐赠，卡尔洛瓦茨省副省长和卡尔洛瓦茨市市长均发表了感谢信，并希望克中文化基金会会长叶碎雄先生转达克罗地亚人民对'中国和浙江的问候'，并感谢对克罗地亚疫情防御

---

① 参见中华人民共和国商务部网站。《2018 年 16+1 中小企业合作官员研修班在宁波顺利举行》，http://si. mofcom. gov. cn/jmxw/art/2018/art_41932d58dd494256af0313ae81b3d868. html.

② 参见中国宁波网。《克罗地亚通讯社编辑：以笔为媒 她让世界听到宁波"声音"》，http://www. cnnb. com. cn/xinwen/system/2019/05/27/030054603. shtml.

的支持。"①

2020 年 10 月 5 日，"丽水驻克罗地亚领事保护联络站和中东欧贸易投资文化促进会对萨格勒布市的两家养老院进行了友好慰问，并捐赠了一批以口罩为主的防疫物资。克罗地亚前总统伊沃·约西波维奇应邀参与了此次慰问活动"。约西波维奇与领保站站长、促进会会长叶碎雄先生及几位克罗地亚华人华侨先后慰问了两家老人院。"院长和约西波维奇十分赞扬叶碎雄先生代表克罗地亚华人华侨在疫情期间对克罗地亚老人的关心，也感谢华人华侨在克罗地亚抗疫工作中的贡献。"中国国内疫情暴发后及时有效的抗疫防疫工作以及已经取得的积极成果让他们十分钦佩。②

2017 年 1 月 22 日至 30 日，"应文化部和宁波市人民政府的邀请，宁波市演艺集团有限公司组团奔赴克罗地亚、捷克、泰国和英国，圆满完成了四国'欢乐春节'的演出活动，成为 2017 年宁波对外文化交流开篇布局的一大亮点。这次代表团出访四国演出的节目，尽显宁波这座城市的风采"。区别于以往国内其他团赴外，宁波市演艺集团演员奉上的是一台载歌载舞的综合性演

---

① 参见浙江省归国华侨联合会网站。《浙江支援克罗地亚一批爱心口罩后，当地官员说出了这些话……》，https://www.zjsql.com.cn/class/QiaoLianYao-Wen/32199_20200811103804.html.

② 参见中华全国归国华侨联合会网站。《浙籍侨胞为萨格勒布养老院赠予防疫物资，克罗地亚前总统一起参与慰问!》，http://www.chinaql.org/n1/2020/1011/c431600-31887484.html.

出，有戏曲和中国传统民俗，也有小桥流水、灵动娟秀的江南特色，展示了古韵悠然、底蕴深厚的宁波城市文化。

宁波演艺集团负责人邹建红表示，以往的出访演出，往往担心国外观众无法理解或欣赏，节目形式通常以单一的歌舞表演为主。然而正如国人也能欣赏交响乐，高水平的戏曲同样能打动国外观众，并且随着国家的日益崛起，国外观众对中国文化的兴趣日益浓厚。

宁波演艺集团将各种中国传统文化表演带出国门，再次印证了戏曲艺术走出国门也能觅得知音。这次出访演出的团队精心准备了越剧、京剧、黄梅戏、器乐等综合性戏曲表演。在克罗地亚的伊斯特拉半岛滨海城市波雷奇市的波雷奇敬老院进行慰问演出时，"演员徐晓飞为当地老人表演了越剧《穆桂英挂帅》，韵味十足的唱腔、顾盼生辉的扮相、精美绝伦的服饰深深打动了所有老人，他们纷纷报以热烈掌声"。对他们来说，戏曲是中华文化的瑰宝，传承中华民族的文化基因，是表现和弘扬中华优秀传统文化的重要载体。虽然没有去过中国，但是老人们看到了中国戏曲就像到了中国一样。①

浙江和克罗地亚文化交流毫无疑问是两地人民喜闻乐见的。另外，浙江省作为进出口贸易和对外开放大省，在与克罗地亚的交流合作上起到了表率作用。官方派代表到克罗地亚访问考察，

---

① 《宁波文化"走出去"舞台江南特色打动外国观众》,《现代金报》,2017年2月15日.

宁波市还与里耶卡市成为姐妹城市，进一步拉近了两地的关系。宁波等浙江城市与克罗地亚港口未来依然有较大合作空间。浙江省积极举办贸易博览会，推介克罗地亚商品，展示向克罗地亚投资的机会。不难想象，今后浙江会与克罗地亚将会有更深更广的交流合作。

克罗地亚编辑的 "中国故事"

　　斯拉维卡·茨维塔尼奇是一名克罗地亚通讯社的财经编辑。2018 年，她随各国主流媒体采访团来到浙江宁波，报道了第四届中国—中东欧国家投资贸易博览会的盛况，向世界实时传递宁波的一手资讯。"中东欧博览会干货十足，邀请的都是一线大咖。"茨维塔尼奇说，她的这篇报道很快被克罗地亚新闻总站官网独家"买断"，以英语、克罗地亚语双语发表。

　　以笔为媒，茨维塔尼奇当了一回宁波的"代言人"，向当地投资者、企业家发出了友好"信号"。她写道，宁波是中国重要的交通枢纽，拥有完善的高速公路、铁路、航空、海运基础设施和强大的工业基础。在"一带一路"倡议的推动下，宁波的投资热情高涨，成为中国与中东欧国家合作最为紧密的城市之一。

"在会后的采访中，克罗地亚海洋运输和基础设施部基础设施国务秘书托米斯拉夫·米霍蒂奇向我透露，克罗地亚希望继续增加对中国市场的出口。目前，农业部正在努力向中国争取出口牛奶和乳制品的许可证。"茨维塔尼奇说。此外，克罗地亚政府相关负责人还表示有兴趣引入直飞中国的航班，这将有助于增加中国游客的数量。"相信宁波的旅游者、投资人会对此感兴趣。"

宁波这座城市也让茨维塔尼奇赞叹，"那是我第一次到宁波，宁波深厚的历史文化、发达的制造业给我留下了深刻的印象。"在短短五天的行程中，茨维塔尼奇随采访团从天一阁、宁波博物馆、越窑青瓷古迹中了解宁波的历史故事，在均胜电子等民营制造企业中领略现代制造业的发展，还参观了宁波舟山港，尽情享受港口城市的独特魅力。

在均胜集团的采访令她尤为印象深刻。"没想到一家制造业工厂能在全球这么多国家建立海外基地，我甚至从列表中发现了克罗地亚，这说明我们国家也慢慢地开始制造业布局，与宁波的联系会越来越密切。"茨维塔尼奇说。近年来，宁波与克罗地亚两地贸易日益增长，双方合作逐步迈入"蜜月期"。"目前，克罗地亚的贸易逆差仍然居高不下，我们非常希望能通过'一带一路'进一步带动克罗地亚的经济发展，拉动旅游经济、出口贸易等。"①

――――――――――

① 参见中国宁波网。《克罗地亚通讯社编辑:以笔为媒 她让世界听到宁波"声音"》，http://www.cnnb.com.cn/xinwen/system/2019/05/27/030054603.shtml.

⛪ 附录

一位浙商的"逐梦之旅"

20世纪90年代末，浙江青田掀起出国热，一批又一批青年走出国门，奔赴世界各地，创业谋生。当时高中毕业的叶泓兵就是其中之一。

跟许多到国外的同乡一样，叶泓兵也是从在亲戚那里打工、洗碗、端盘子起步。偶尔也会带一些国内小商品到中东欧去卖。通过摆地摊，叶泓兵赚到了第一桶金。"因为中国货便宜。"叶泓兵坦言，中东欧的商品大多来自西欧，价格较高。中国小商品，如镜框、头饰、厨具、玩具、服装、五金等生活用品价廉物美，很受欢迎。其中的利润也确实可观，一单100万元的生意，大概能赚到30万元。

波黑、克罗地亚、波兰……，贩卖义乌小商品赚到第一桶金之后，叶泓兵将跨国贸易越做越大。叶泓兵在波黑两年，在克罗地亚十一年，参与并见证了中国人在中东欧的发展。因为在克罗地亚的中国人善于经商，那里有了一个"中国城"，专卖中国商品。赚到钱的国人也开始参与别的投资，比如开超市、零售批发，或是开餐馆、投资房地产。

2013年前后，身在欧洲的叶泓兵突然感觉到，随着"一带一路"的不断深化，中国与中东欧的贸易日益畅通，归国发展的机会到了，于是叶泓兵决定回国发展。但长年在国外经商的他在国内并没有太多人脉关系，这时他收到了来自宁波侨联、侨办等部门的橄榄枝。

"一方面，在中东欧待久了，的确想回来；一方面，宁波向我介绍了很好的优惠政策，确实也是'首选之地'。"通过宁波保税区领导的介绍，叶泓兵参与了2016年的中国—中东欧国家投资贸易博览会，将他熟悉的波兰以及克罗地亚的红酒、饮料、奶制品、洗护用品、琥珀、蜜蜡等尽可能带到了宁波。展会结束后，他的进出口公司正式入驻会展中心中东欧国家特色商品常年馆，琥珀、蜜蜡等直接出自原产地的产品，成为许多藏家的首选。

这几年，叶泓兵也邀请了不少中东欧朋友来中国玩，做琥珀生意的宝琳娜、卖饮料的马切伊和销售食品的妮古拉这几位波兰朋友都很喜欢中国市场。宁波老外滩的酒吧文化和繁荣的港口贸易让他们感到非常开心和震撼。"有些当地人对中国不了解，以为就是电视上看到的黄土高坡的样子，现在他们知道中国还有支付宝、微信，中国的动车比国外还要发达，这让他们对中国另眼相看。"谈到他了解的中东欧商人，叶泓兵说："中东欧的国家普遍较小，整个克罗地亚的人口跟宁波市差不了多少，他们的客商往往生意规模不大，非常小心，但该他们出的钱也不会少。"

如今，叶泓兵在宁波经营多个公司平台，会展中心的丽人轩以经营琥珀、蜜蜡为主，宁波欧尚汇商业公司从事红酒、饮料生意较多，南部商务区 1000 平方米的 "16one 漂洋购" 超市是 16+1 经贸合作示范区试点单位之一。国际贸易 "往往需要互动期，有一个熟悉的过程，随着国内对中东欧的了解越来越多，贸易前景将非常广阔"，叶泓兵说。①

① 《逐梦克罗地亚的青田人 在宁波找到了归巢》，《宁波晚报》，2019 年 6 月 4 日。

参考文献

著作：

[1]　[新西兰]彼得·德拉奇采维奇,[澳大利亚]安东尼·汉姆,
　　　　杰西卡·李著,闵楠译.孤独星球[M].北京:中国地图出版
　　　　社,2019。

[2]　[南斯拉夫]德拉甘·P·罗迪奇,李士敏,译.南斯拉夫自然
　　　　地理[M].北京:商务印书馆,1987.

[3]　孔寒冰.东欧史[M].上海:上海人民出版社,2010.

[4]　[阿根廷]罗伯特·拜德勒克斯,伊恩·杰弗里斯著,韩炯等
　　　　译.东欧史[M].上海:中国出版集团东方出版中心,2013.

[5]　吴素梅,顾佳丽."一带一路"国别概览——克罗地亚[M].大
　　　　连:大连海事大学出版社,2019.

[6]　杨元恪.铁托传奇[M].北京:当代世界出版社,2013。

[7]　于沛.斯拉夫文明[M].福建:福建教育出版社,2008.

[8]　[美]约翰·R·兰普著,刘大平译.南斯拉夫史[M].上海:中国出版集团东方出版中心,2013年版.

[9]　张利华主编.中欧文化外交及影响[M].北京:知识产权出版社,2014.

[10]　左娅.克罗地亚[M].北京:社会科学文献出版社,2007.

[11]　赵乃斌,汪丽敏.南斯拉夫的变迁[M].广州:广东人民出版社,2002.

[12]　[南斯拉夫]伊万·博日奇等.南斯拉夫史[M].北京:商务印书馆,1984.

[13]　马细谱.南斯拉夫通史[M].上海:上海社会科学院出版社,2020.

[14]　Irina Ban & David Ronder. *Croatia*[M]. Beijing:Higher Education Press,2017.

[15]　Florin Curta & Paul Stephenson. *Southeastern Europe in the Middle Ages, 500 - 1250*[M]. Cambridge:Cambridge University Press,2006.

[16]　Jeanne Oliver. *Croatia*[M]. Franklin:Lonely Planet Publications,2002.

[17]　John Skylitzes. *A Synopsis of Byzantine History, 811 — 1057: Translation and Notes*[M]. Cambridge:Cambridge University Press,2010.

期刊：

［1］ 高歌.中东欧国家入盟与欧盟东扩:是否为同一进程？［J］. 俄罗斯东欧中亚研究,2021(4),80—99.

［2］ 高歌.离心与向心——2017年中东欧国家与欧盟的关系 ［J］.当代世界,2018(1),60.

［3］ 高歌.中东欧国家"入盟":愿景与现实［J］.欧亚经济,2017 (3),17—22.

［4］ 高歌.为何"亚洲始于维也纳的门外"？——奥斯曼帝国入侵 后的东欧国家之殇［J］.人民论坛·学术前沿,2014(20), 16—25.

［5］ 高歌.中东欧国家"欧洲化"道路的动力与风险［J］.国外理 论动态,2013(10),89—94.

［6］ 胡勇."欧洲梦"与"欧洲化":克罗地亚加入欧盟及其影响 ［J］.国际论坛,2015(6),25—30+78。

［7］ 孔寒冰,韦冲霄.中国与中东欧国家"16+1"合作机制的若干 问题探讨［J］.社会科学,2017(11),14—23。

［8］ 孔寒冰.从差异和历史角度观察中东欧与欧盟的关系［J］.欧 亚经济,2017(3),13—17.

［9］ 刘海泉.克罗地亚入盟后的机遇与挑战和中国"一带一路"战 略［J］.上海对外经贸大学学报,2015(3),36—44.

[10] 刘作奎.中国—中东欧国家合作的发展历程与前景[J].当代世界,2020(4),4—9.

[11] 刘作奎.中国和中东欧合作是中国构筑新型国际关系的新尝试[J].当代世界,2016(12),36—39.

[12] 刘作奎."一带一路"倡议背景下的"16+1合作"[J].当代世界与社会主义,2016(3),144—152.

[13] 沈坚.伊利里亚人与外部世界的关系[J].华东师范大学学报(哲学社会科学版),2000(5),52—61。

[14] 王志强,戴启秀.欧盟东扩的文化基础及其战略意义[J].德国研究,2003(2),24—30.

[15] 张世满.试析克罗地亚走向独立的历史进程[J].世界历史,1997(4),20—27.

[16] 张永安,尚宇红."一带一路"框架下中国—中东欧合作的希望与挑战[J].国际商务研究,2016(4),23—30.

[17] 赵丽华.2015中东欧地区:稳中有乱,克难前行[J].当代世界,2016(2),58—60.

[18] 郑恩波.当代克罗地亚文学概述[J].国外文学,1985(2),116—131.

[19] 朱晓中.中国—中东欧合作:特点与改进方向[J].国际问题研究,2017(3),41—50.

[20] 朱晓中.中国中东欧研究的几个问题[J].国际政治研究,2016(5),47—66.

[21] 左娅. 克罗地亚与欧洲一体化[J]. 欧洲研究, 2006 (4),
27—38+157—158.

[22] 左娅. 克罗地亚入盟及其对西巴尔干国家的启示[J]. 俄罗斯东欧中亚研究, 2013 (6), 55—61.

[23] Marjeta Šašel Kos. Mythological Stories Concerning Illyria and Its Name[J]. *Actes du IVe colloque international de Grenoble*, 2002, pp. 491—504.

[24] M. Gwyn Morgan. Cornelius and the Pannonians: Appian, Illyrica 14, 41 and Roman History, 143—138 B. C. [J]. *Historia: Zeitschrift für Alte Geschichte*, 1974, 23 (2), pp. 183—216.

[25] Neven Hadžić, Marko Tomic & Nikola Vladimir. Current State and Perspectives of the Croatian Shipbuilding Industry [J]. *Journal of Naval Architecture and Marine Engineering*, 2015 (6), pp. 34—42.